SIGILOS DA ALMA
DETOX EMOCIONAL

SUA CURA COMEÇA AQUI

ELIENAI MORIÀ

pro name.
editora e produtora

Dados Internacionais de Catalogação na Publicação (CIP)
(Câmara Brasileira do Livro, SP, Brasil)

Morià, Elienai
Sigilos da alma : detox emocional / Elienai Morià. - - 1. Ed. - - Barueri, SP : Ed. Do Autor, 2023.

ISBN 9798322321965

1. Autoajuda
2. Aspectos de saúde
3. Saúde Emocional
4. Sentidos e emoções I. Título.

23-144647   CDD-158.1

Índice para catálogo sistemático:

1. Emoções : Cura : Psicologia aplicada 158.1

Henrique Ribeiro Soares - Bibliotecário - CRB-8/9314

"Sê prudente em tudo, cumpre a missão de pregador do evangelho! Sede firmes e constantes, sempre abundantes, aplicando-os cada vez mais na obra do Senhor!" 2 Timóteo 4:5

SUMÁRIO

Tape os ouvidos e feche os olhos!

Não permita que as vozes ao seu redor desviem a sua atenção. Toda vez que seus olhos estão voltados para o mundo físico, é como se fosse uma cobra preta, grande e gorda entrasse pelos seus olhos e tomasse conta da sua mente. A sua mente incha, causa incômodos, dores de cabeça, você não consegue ver, não consegue pensar em mais nada a não ser o que está vendo no mundo físico!

Não permita que um engano ocupe o espaço que em você é reservado para o senso que te direciona, te faz avançar e prosperar não pelo que vê, mas pelo que acredita.

Não duvide da visão que já tem do futuro, aliás, Deus não te mostra nada que Ele não queira te dar.

Imagine só, você sendo uma criança e desejando muito ter algo. Seu pai sabendo do seu desejo, te mostra esse algo, em ti desperta várias emoções e sentimentos, mas por decisão, não tem nenhuma intenção de te dar, mas somente fazê-lo sofrer. Você acha possível um pai fazer isso com o filho?

Se o seu pai sendo carne não seria capaz de fazer isso, imagine só, se o nosso Pai Celestial que está no céu, que te criou, que te conhece desde o ventre da sua mãe, te daria a visão de coisas que você jamais poderia ter?

Analise comigo um pequeno trecho de uma história bíblica: Certa vez, no Reino de Israel, cidade essa governada pelo Rei Acabe e sua Esposa Jezabel, que por sua vez era princesa, era mulher formosa, possuía um espírito sedutor e manipulador, tinha grande domínio sobre as ações do Rei. Ela conduziu seu marido Acabe a cometer vários atos perversos, causando assim um grande mal para o Reino de Israel. Foi aí que Elias, um conhecido profeta, foi enviado ao rei em nome de Deus para repreendê-lo por seus atos.

Jezabel descontente, passou então a perseguir e mandar matar todos os profetas da região, sobrou somente Elias, que com medo, fugiu e se escondeu em uma caverna.

Um "espírito de engano" fez com que Elias fugisse do seu propósito, por só pensar nas ameaças e na dor que sua carne sofreria. Naquele instante, o inconsciente de Elias estava fazendo com que ele passasse a olhar tudo ao seu redor com os olhos físicos, esquecendo-se da visão que Deus o havia dado do futuro. Elias permitiu que suas emoções desviassem a atenção do real alvo, e foi aí que Deus se mostrou a ele, tratou do seu corpo e das suas emoções para que saísse da caverna e continuasse exercendo o seu propósito.

O que eu quero dizer com isso?

Tudo que você precisa, já foi criado, você só precisa acessar e correr em direção ao alvo.

Se você fugiu para caverna a fim de se esconder das dificuldades, assim como Elias, saiba que Deus fala com você através de uma brisa suave. Não espere ver Deus agindo através de grandes coisas, a diferença está nos detalhes.

Mesmo na caverna, distante do seu propósito, Deus mandou anjos a seu favor para te alimentar, para cuidar do seu coração, agora você precisa fazer a sua parte, treinar a sua mente, governar as suas emoções e dominar o seu corpo, para que quando mais à frente vier um momento de grande dificuldade, rapidamente as suas energias sejam restauradas, porquê você se conhece, porquê a sua mente e o seu espírito são capazes de governar o seu corpo e você pode então seguir, com convicção, em direção àquilo acredita.

"Mens sana, corpus sano." Do latim que significa: "Uma mente sã em um corpo são" quer dizer que a saúde do corpo

físico depende do equilíbrio espiritual, sobretudo do controle e da sanidade mental.

Desenvolva suas ideias com muita sabedoria, no seu ritmo, não permitindo que as palavras alheias cortem a conexão que você desenvolve com Deus. Cada vez que não consegue dominar as suas emoções, precisa fugir. Cada vez que foge, fica mais distante do seu objetivo e agora, o objetivo é parar de fugir!

"Alegria é quando descobre que está andando na direção certa. Alegria de saber que está no meio de uma neblina, mas não erra o caminho. Alegria de desfrutar de cada passo que já não é perdido, o caminho é certo. Alegria de saber que o futuro é real e que você quem faz ele acontecer!"

Elienai Morià

INTRODUÇÃO

O poder transformador da mudança de ambiente.

Sempre gosto de destacar pontos sobre limpeza, organização e confesso: por mais que eu tente ser super organizada, às vezes não consigo fazer tudo por conta do acúmulo de tarefas.

Eu sei que para quem é mãe, mulher, trabalhadora e dona de casa, se torna ainda mais difícil deixar tudo como se espera, porém, a questão aqui não é como, e sim o sentimento e a sensação que te proporciona.

Há alguns dias, por exemplo, venho acordando às 4h00 da manhã e confesso: estava exausta, pois, foram apenas quatro horas de sono. Considerei o desafio, fui ajeitando para completar as tarefas, fiz o que havia de ser feito naquele instante para o início dos estudos e leituras diárias, mas quando menos esperei fui dominada pelo sono, então, sim, eu te entendo!

Pela manhã, estava aguardando o jardineiro para a retirada do mato que havia crescido mais rápido devido os dias chuvosos, fiquei assustada quando ele concluiu o serviço, fazia poucos dias da última limpeza. Observei, teias de aranhas espalhadas por todo o quintal, me apressei então para buscar os materiais de limpeza, já fui limpando tudo e examinando meus pensamentos: Como tornar o belo mais visível? Como reduzir o acúmulo de insetos ou fazer com que o mato cresça menos? Logo percebi não ser possível parar

12

ou acelerar o processo da natureza, mas pude entender que na vida humana também passamos por inúmeros processos naturais, e esses sim eu tenho autonomia para parar ou acelerar. Como? Através de métodos simplificados e perguntas que permitam conhecer o "EU Interno". Entenda, tudo a sua volta passa uma mensagem.: Existem coisas e situações que à primeira vista parecem estar no lugar, mas somente uma análise aprofundada lhe permitiria identificar possíveis problemas, "teias de aranhas"; ou uma solução, identificado como algo ou alguém.

Faça revisões periódicas no seu interior, faça a limpeza de tudo que à primeira vista é aparentemente bom, mas na realidade está tornando você uma pessoa ansiosa, revoltada, mal-amada e bruta. Se você não se amar, se você não se cuidar, ninguém mais poderá fazer isso por você, esse papel é somente seu. Use de todas as ferramentas para cuidar de quem você é inclusive chegar ao ponto de dizer: sinto-me livre, sinto-me leve, não há mais nada que me prenda ao meu passado, as roupas velhas que eu vestia já não me cabem mais, eu fiz uma limpeza completa por isso sinto-me bem!

Capítulo 1
EXERCÍCIO DE CONSCIÊNCIA

Quantas vezes, frente a uma situação difícil, nos pegamos fazendo diversos questionamentos, por que isso, por que aquilo, para que isso ou para que aquilo outro. Nesse instante, eu quero te fazer uma pergunta:

— Ao questionar em voz alta, você já ouviu esta frase? "Não pergunte o 'por que', pergunte 'para que'!"

Se você ainda não ouviu esta frase do seu subconsciente ou de outra pessoa, e não sabe o que essas duas formas de questionamento produzem, explicarei mais a frente, por ora, quero que entenda, existem questionamentos que te fazem analisar a fundo os seus sentimentos e emoções, capazes de lhe permitir uma direção comportamental precisa. Questionamentos poderosos, lhe permitem a reflexão de padrões comportamentais autodestrutivos.

Pensando nisso, antes de transbordar a experiência que adquiri no processo de Detox emocional, construção de uma mentalidade que não é só forte, mas instruída, resistente, consistente e persistente, quero lhe propor um desafio, e pedir que só avance na leitura após completar o exercício.

Essa é a sua tarefa de hoje:

1. Anote 10 características que considere boas sobre você.

1._____

2._____

3._____

4._____

5._____

6._____

7._____

8._____

9._____

10._____

2. Relembre e anote 10 atitudes marcantes que teve em sua vida.

1._____

2._____

3._____

4._____

5._____

6._____

7._____

8._____

9._____

10._____

3. Para cada característica e atitude, faça as seguintes perguntas:

- É um benefício para mim?

- É um benefício para os outros?

- Me faz evoluir?

- As pessoas se aproximam ou se afastam?

- De onde veio?

- Para que serve?

- Para onde vai me levar?

- É ofensivo?

- Inspira outras pessoas a terem uma vida melhor?

- Como seria a minha vida sem essa ação?

- É o mesmo que Jesus faria?

IMPORTANTE

Quando cito os "outros", não é de fato sobre eles, mas sim sobre você, sobre como você nutre os seus objetivos e domina as suas emoções.

ORGANIZE SUA ROTINA

"Uma mente forte vence um corpo cansado!"

Não se trata apenas de uma frase de efeito, você só é capaz de entender o real sentido, quando a sua mente estiver treinada para governar.

Há alguns anos, acrescentei em minha rotina o devocional diário. Ao acordar, logo me levanto e antes mesmo de iniciar os cuidados pessoais, pego a Bíblia ou um livro de minha preferência e tiro um tempo de leitura, ainda que curto, após, faço uma breve oração e só então considero que o dia começou! Se tornou um hábito consistente e desde então não falho um dia sequer. Mais à frente, acrescentei uma mentalização diária que consiste em uma pausa para respirar, pensar de forma intuitiva e assertiva nos meus maiores sonhos.

Lembro-me que desde muito nova, refletia sobre as coisas que gostaria de ter de uma forma muito intensa, e mesmo sem saber bem o que estava fazendo, já experimentava de grandes conquistas para a época, desde desejos simples aos mais complexos que envolveria um esforço, uma ação maior para concretizar.

Um exemplo simples e marcante: Aos nove anos, tive um forte desejo de tocar violino, mais precisamente na orquestra da igreja, porém, disseram aos meus pais para não comprar o instrumento pois eu era muito nova e nessa idade as crianças não sabem o que querem, já havia históricos de crianças que iniciaram o aprendizado nessa fase e pouco tempo depois desistiram, e até adultos que demoravam anos para aprender e chegar a tocar na orquestra, porém eu tinha convicção que o faria e assim o fiz, com pouco menos de 6 meses que havia começado a aprender já estava tocando na orquestra, processo esse que demoraria de um ano e meio a dois anos para acontecer. Hoje, posso concluir que, o desejo atrai, mas a ação concretiza.

Diante disso, lhes pergunto: Quais são hoje seus maiores sonhos? Os desejos mais árduos do seu coração? Feitas essas perguntas, não leva-se em consideração recursos financeiros ou as possibilidades que teria de se concretizar, sendo possível realizá-los através da organização de pensamentos e rotinas, ou seja, a ação para acontecer, causas transcendentais, prazeres inexplicáveis, que você também pode experimentar. É um recurso disponível para quem quiser acessar, desde que tenha uma visão clara de onde se quer chegar, mas antes, você precisa treinar em níveis simples a fim de desenvolver o seu cognitivo e assim alcançar níveis mais altos.

Vamos começar agora mesmo! Lembre-se de se colocar na cena, respirar, sentir cheiros, sensações, sorrir e chorar.

Vamos lá?

MENTALIZAÇÃO

Respire fundo por três vezes...

"*Imagine que está em um campo, amplo, com muitas árvores verdes e altas, a grama está molhada, pois, é inverno. Há muitas crianças correndo, brincando e você está sentindo muito frio, está com casacos muito pesados que dificultem o seu caminhar, mas continua caminhando. E então, em uma visão distante avista um chalé, igual aqueles de filme, todo em madeira com o telhado em 'V' invertido e bem inclinado, você vai se aproximando aos poucos e a visão se torna cada vez mais nítida e clara. Aproxima-se da porta com muito medo, segura na maçaneta e sente uma energia incrível, que faz todo o pavor desaparecer por completo, abre a porta ansiosa(o) para ver o que tem dentro, entra no chalé e imediatamente se sente em casa. Dentro desse chalé é tão aconchegante, tem uma quentura, um calor que aquece desde o dedão dos pés até os fios do cabelo, é gostoso, uma sensação indescritível, o coração aquece, tem uma sensação de amor fraternal, como se alguém te abraçasse e nesse abraço você sente paz, sente que o inverno passou e a próxima estação chegou, é tudo diferente, tem esperança, consegue visualizar uma vida completamente diferente da que está vivendo e ver claramente, em um futuro bem próximo os seus maiores sonhos acontecendo. Aqueles casacos pesados você já não precisa mais levar consigo, arde uma chama dentro do seu coração que se espalha por todo o seu corpo, não tem mais peso, não sente mais frio, ao contrário, sente confiança para sair desse chalé e levar a sua chama ardente para as pessoas que estão lá fora. Com apenas um abraço você é capaz de aquecê-las. Logo, sai do chalé, fecha a porta e lá fora vê pássaros cantando, árvores floridas e a grama não está mais molhada, é um grande e lindo jardim, o sol raiando e as pessoas estão felizes por te ver, quando elas te olham, veem exatamente quem você é, uma pessoa forte e, ao mesmo tempo tão acolhedora, tão amável, com um brilho intenso nos olhos e um sorriso contagiante. Essas pessoas se sentem bem, você transfere uma energia incrível que inspira essas pessoas a serem pessoas melhores, agora você é capaz de seguir em frente, gerando transformação e espalhando amor por onde passa.*

Respire fundo por três vezes e faça uma oração particular para finalizar.

SEJA GRATO

Certa vez, aos meus exatos 14 anos, surgiu uma oportunidade de fazer o vestibular para um curso técnico gratuito, onde seriam apenas 40 vagas e quem fosse aprovado teria o benefício de concluir o ensino médio integrado ao ensino técnico. Tive um grande interesse pois, além do diploma, o direito de exercer a habilitação profissional de nível técnico era uma vantagem competitiva na época, hoje se explicaria com a frase "Quem antecipa, governa!" (risos).

Chegada à semana da prova, separei todos os documentos necessários e deixei em um local de fácil acesso, porém inexplicavelmente eles somem um dia antes da prova, procurei em todas as partes da casa sem obter sucesso.

Minha mãe sugeriu fazer um Boletim de Ocorrência (B.O.) na delegacia de polícia para justificar a falta dos documentos e assim o fizemos. Chegada a hora da prova, não me permitiram entrar, pois, não poderia fazer a prova sem os documentos necessários. Voltei frustrada para casa. Antes eu já me via dentro da sala de aula estudando, mas não seria desta vez. No ano seguinte, inscrita novamente, tomei as devidas precauções com os documentos e me antecipei para chegar ao local da prova. Sai de casa com quase três horas de antecedência para fazer um trajeto que em dias normais demoraria de 30 a 40 minutos e adivinhem só, tudo de ruim aconteceu: o ônibus demorou; teve acidente; o ônibus quebrou; cheguei no ponto final faltando apenas 5 minutos para fechar o portão, corri desesperadamente para conseguir entrar, não deu tempo e novamente não seria desta vez, sendo a segunda frustração.

No ano seguinte, a última tentativa de realizar o vestibular para o curso técnico integrado, uma vez que ainda poderia tentar naquele momento, por ser o meu último ano no ensino médio. Lá vou eu novamente, cuido dos documentos, saio de casa com antecedência de quase 5 horas, risos, para aguardar a hora da abertura do portão e enfim, realizar a prova na hora estipulada. Deu tudo certo, enfim fiz a prova, sai da sala aliviada e com grandes expectativas. Chegou o dia da divulgação referente à primeira lista de convocados, solicitei para meu namorado na época, hoje meu esposo, consultar, pois, no dia estaria trabalhando. Ele retornou com a informação que meu nome não estava na respectiva lista. Tudo bem, fiquei tranquila, crendo que na segunda chamada o meu nome estaria lá.

Passado o prazo, me dirigi até a escola e olhei na segunda lista de convocados, meu nome também não estava por lá. Obtive a informação na secretaria escolar que meu nome estava na primeira lista. Imagina só o choque, fui aprovada em terceiro lugar e perdi a vaga sem nenhuma possibilidade de reaver, segundo eles, havia perdido o prazo estipulado em edital.

Gente, vocês podem imaginar o grau acumulado das minhas frustrações naquele momento? Por três anos consecutivos sendo impossibilitada de fazer nível médio com o técnico. Na minha cabeça o universo estava contra mim.

Anos à frente, me pego sentada na primeira fileira de uma sala de faculdade, da qual ganhei uma bolsa de estudos sem absolutamente nenhum custo com mensalidades ou materiais didáticos, ênfase, sem nenhuma explicação. Apenas estava inscrita para ser aluna FIES, um plano do governo federal na época — referente ao financiamento estudantil — que pôr fim a faculdade não aceitou a inscrição por este plano e me presenteou com uma bolsa integral pela instituição.

Estudei o período de 4 anos, me formei em Administração de Empresas com louvor, recebi o diploma sem pagar nenhum centavo. Hoje, após 6 anos de formação, ainda me pego agradecendo pelos três anos consecutivos que tive problemas para fazer o curso técnico, era algo bom, mas a faculdade, na minha visão, era o excelente.

Quantas vezes você tem uma visão focada nas coisas boas da vida, que não imagina existir algo ainda melhor lá na frente? Mais uma vez te digo: construa uma visão focada em coisas grandes, o trajeto será mais difícil, todavia, recompensador, para isso, mesmo que as coisas não estejam exatamente como você quer hoje, agradeça. Surgirão situações, que não carecem de explicações, simplesmente agradeça.

Está difícil? Agradeça a experiência. Está doendo? Agradeça, é para fortalecer. Mudou a rota? Agradeça, agora você conhece novos caminhos. Pessoas foram embora? Agradeça, é hora de se conectar a novas pessoas. Perdeu o emprego? Agradeça, oportunidade de empreender.

Para cada situação, ressignifique com uma ação positiva como resposta. Fará todo sentido quando começar a testar na prática. Exercite ver o lado bom da vida.

"A candeia do corpo são os olhos; de sorte que, se os teus olhos forem bons, todo teu corpo terá luz; se, porém, os teus olhos forem maus, o seu corpo será tenebroso". Mateus 6: 22 – 23

POR QUE COISAS RUINS ACONTECEM A PESSOAS BOAS?

Recentemente, estive em um velório de um rapaz jovem, com apenas 22 anos e filho único. Cheio de vida, sonhos, projetos e um amor sem fim pelos pais.

A última vez que o vi com vida foi comprando um presente para o pai, sem motivo aparente ou data comemorativa, somente para vê-lo feliz.

Me peguei pensando por um momento: por que ele? Tantas pessoas com a vida aparentemente errada, vivendo de forma duvidosa e continuam gozando de plena paz e felicidade e, de repente, ver os pais sofrendo a dor da perda de um filho tão bom e íntegro.

Foi então que rapidamente obtive resposta. Esse questionamento vem a nossa mente não só em momentos de morte, mas em momentos de dificuldade, de falta de dinheiro, de doenças, frustrações e crises emocionais, e está tudo bem! Estranho seria não ter nenhum pensamento do tipo, mas o jogo muda quando você decide dar novos sentidos ao que sente.

O segredo para romper o pensamento e o sentimento negativista que destrói, não é simples, porém é uma questão da mudança de hábito. Troque o tipo de questionamento, ao invés de "Por que isso aconteceu comigo?" por "Para que isso aconteceu comigo?".

Aproveite para fazer uma dinâmica com o seu cérebro e se pergunte:

— Qual momento de perda e frustração, que hoje tem me gerado questionamentos?

Deixe somente ele dentro da sua memória agora e não pense em mais nada. Dê todo gás que ele precise para se intensificar dentro da sua mente, ative a ira sem medo. Concentre-se agora e mentalize, volte na cena dos acontecimentos, veja todos os detalhes, as pessoas que estavam lá, a forma que você se sentiu, o aperto no coração e a tristeza na alma, você se perguntando o "Por que isso está acontecendo comigo?"

Imagine-se dentro de um quarto e tudo ficando negro a sua volta, com opressão, você se sentindo sufocado e antes do último suspiro você se lembra do seu propósito de vida, então começa a enxergar um ponto de luz nesse quarto escuro que está vivendo porque você se fez uma pergunta: "PARA QUE isso está acontecendo?" Logo o seu propósito começa a se clarificar e a dor vai desaparecendo até você não sentir mais nada, a não ser um alívio por entender que isso não aconteceu com você mas aconteceu para você, para se cumprir um propósito, para ter mudança de vida e de comportamento, para colecionar novas experiências, para se auto reprogramar e poder dizer que venceu, que ressignificou as suas dores e que hoje pode ajudar outras pessoas que estão passando pelo mesmo que passou e ressignificar as suas crises!

Todo mundo nasceu para ser a sorte de alguém, então saia agora e olhe tudo a sua volta com outros olhos, pois, se os seus olhos forem bons, tudo a sua volta será bom! Em tudo questione — PARA QUÊ? — e acelere a sua mente sempre para o futuro, pois, o problema não está na situação, o problema está na forma como você enxerga e age diante da situação.

Capítulo 2

VOCÊ NÃO VAI CONQUISTAR A TERRA PROMETIDA

AUTO JULGAMENTO

Todo mundo já ouviu falar desse termo como algo ruim e assimila com a parte mais conhecida dele: cobrança excessiva, dor emocional e dó de si mesmo. Mas hoje, quero aqui te ajudar a identificar atitudes e desconstruir crenças, pois, "não adianta querer entrar na TERRA PROMETIDA se você ainda tem os mesmos hábitos de quando estava no Egito."

Quando os hebreus foram libertos da escravidão de mais de 400 anos no Egito e seguiam em direção a CANAÃ, a Terra Prometida, segundo alguns historiadores, o trajeto até lá demoraria em torno de 30 a 40 dias, mas, durante o percurso, o povo ficou confuso, surgiram então reclamações, intrigas, conflitos, e eles se esqueceram para onde estavam indo e passou a relembrar das "mordomias" que tinham no Egito como escravos, e então, de forma resumida, um trajeto que duraria apenas de 30 a 40 dias para ser percorrido, durou 40 anos. O povo ficou perdido no deserto por 40 anos.

Pensando assim, quantas vezes você imagina que possa ter atrasado a chegada a seu destino pelo simples fato de reclamar? A reclamação não só é algo incômodo para quem ouve, mas também um retardante potente de propósitos. Quando você reclama, é como se estivesse eliminando por completo tudo que já visualizou para seu futuro. A sua mente enegrece, perde a visão, e só o que vem a sua memória são os momentos simplórios que já viveu e continua achando ser o máximo, então o seu corpo e o seu coração perdem o rumo de direção. Quem governava, agora voltou a ser governado, a sua mente volta a ser escrava do seu corpo. É isso que acontece se você deixar se levar pelas lembranças e perder o foco.

Em tudo aprendemos a manter o equilíbrio, sendo na alimentação, nas finanças, escolhas pessoais e relacionamentos. Estamos entrando em uma nova fase, de treinar a nossa mente para não cair nas armadilhas da mente e ser escravo dele. Se você não souber lidar com o auto julgamento vai cair em uma armadilha e o fim é tenebroso, quem avisa amigo é.

O auto julgamento vai te livrar de muitas ciladas que podem destruir a sua mente, e consiste em se analisar profundamente para entender qual o comportamento da sua alma, do seu espírito e fazer com que isso reflita também no seu corpo. Logo, imaginamos, que se do lado de dentro temos todos os nossos questionamentos bem respondidos e bem resolvidos, o que está por fora também é agradável se ver. Dispõe de um corpo atlético, com saúde e resistência, a beleza é evidente. Se, por outro lado, a alma está doentia e o espírito está fraco, o lado de fora se tornar desagradável, isso não tem a ver com beleza, tem a ver com descontrole emocional. O corpo está obeso, a pele é mal-cuidada, as roupas são simplórias, claramente características de uma pessoa com muitos problemas internos.

Ouso dizer que os olhos não são o espelho da alma, mas que o corpo é espelho da alma.

Entre no exercício do amor-próprio, pratique o auto julgamento, porém, agregue essa ferramenta com controle, use para construção de um novo eu, evidencie os seus pontos positivos e externalize.

Até que ponto buscar a mudança dentro de si tem sido ruim para você? Ressignifique e ative nesse momento o controle de danos! Questionada sobre, respondo: - Criei esse termo voltado para finanças, quando os rendimentos caem, ativo essa fase para não sofrer grandes alterações financeiras e cair na famosa bola de neve. Se aplicar a fase de controle de danos no auto julgamento e converter ele para mudança, tenha certeza de que não será causado nenhum dano emocional, não será para destruição e sim para reconstrução.

Com um simples exercício, você verá uma mudança instantânea no corpo e na alma.

Vamos lá?

1- Anote 5 características marcantes sua que sejam boas. (Exemplo: Amor, bondade, caridade...)

1- _____

2- _____

3- _____

4- _____

5- _____

2- Para cada característica, faça uma ação, algo que faça bem para o seu corpo, que te faça sentir mais bela(o) e traga sensação de bem-estar. (Exemplo: Cortar o cabelo, ir à academia, alimentação saudável, fazer as unhas...)

1- _____

2- _____

3- _____

4- _____

5- _____

Você verá, em poucas horas terá uma potencialização de alma e de imagem, o que tem por dentro, agora reflete fora. Não avance antes de concluir essa tarefa.

AGIMOS COMO GOSTARÍAMOS DE SER, MAS REAGIMOS COMO DE FATO SOMOS!

Reunida com algumas amigas e em meio há vários assuntos, estávamos contando uma para as outras sobre a rotina nos últimos dias e o que havia acontecido de relevante. Dentre as histórias uma me chamou mais atenção que todas. Uma delas disse: — Nos últimos dias eu tenho descansado. Eu me deito, durmo e esqueço-me de tudo que existe, nada mais tem o poder de me abalar, depois que eu ouvi uma palavra de libertação, a minha vida mudou completamente e agora eu consigo agir com alegria e tranquilidade em momentos que antes eu não conseguiria!

Uau, disse eu por dentro! Isso seria perfeito se de fato fosse verdade.

Para quem ouviu e não sabe da realidade, aquilo soou de forma renovadora, porém identifiquei uma esperança árdua de que as coisas podem ser melhores e que a vida pode ser perfeita, pois, acompanhei de perto todos os dias, cada lágrima, o sofrimento, desânimo e crises de ansiedade que ela estava enfrentando naquele exato momento. Reagi com naturalidade, como se concordasse, e foi aí que entendi que isso faz parte da visão de futuro, o poder de declarar o que de fato gostaria de ser, mesmo que não seja a atual realidade.

Se você não está feliz e deseja ser um alguém diferente de quem é hoje, precisa mentalizar e declarar, mas não só isso, precisa fazer as análises do próprio comportamento.

No livro de Provérbios 23:7 diz assim: "Porque, como imagina a sua alma, assim ela é."

E hoje eu quero te fazer uma pergunta: — Quem você pensa que é?

Quando te faço essa pergunta, quero promover a reflexão dos pensamentos que coleciona a respeito de si mesmo, eu sei que aquilo que pensa de si, influencia diretamente as suas vontades, os seus sonhos, as suas perspectivas, as suas expectativas, as suas ações e principalmente as suas reações. Eu sei te dizer "aja como Cristo", parece um desafio, mas reagir como Ele, parece um desafio muito maior. Normalmente, conseguimos pensar para agir, mas para reagir não. Agimos como gostaríamos de ser, mas reagimos como de fato somos. Que a sua oração seja: "Senhor, faça com que os meus pensamentos sejam mais altos, assim como os seus pensamentos são ao meu respeito, para que as minhas reações sejam como as suas".

Deus quando te olha, Ele não vê quem a vida te tornou, quando Ele te olha, Ele sabe exatamente quem você é, porque Ele te formou e nada do que te fazem, pode mudar a sua identidade celestial.

Faça um exercício de repetição todos os dias com essas três falas:

1. Eu posso andar mais uma milha, eu sou o amor, nada pode mudar isso.

2. Eu posso orar pelos que me perseguem, eu sou o amor, nada pode mudar isso.

3. Eu posso abençoar os que me amaldiçoam, eu sou amor, nada pode mudar isso. (Trecho citado por Bianca Toledo)

Vai perceber, que em pouco tempo, as suas reações serão naturais, como Cristo faria.

O QUE MATA NÃO É O QUE ENTRA PELA BOCA

Seja ponderada em tudo! O mesmo remédio que cura, em uma dosagem errada também mata! A partir do momento que a gente enxerga além, não julga mais! Ao contrário do que muitas pessoas pensam, o que mata não é o que entra pela boca, o que mata é o que sai dela! Procure ouvir com o intuito de entender e não para retrucar.

Cada pessoa nasceu para ser a sorte de alguém, acredito firmemente que tenho parcelas de contribuição para entregar e agregar o meu conhecimento de um ponto de vista que talvez outros ainda não tenham visto. Desenvolvi habilidades na raça. Com dedicação, empenho e proatividade, posso desempenhar um papel importante em qualquer ambiente que estiver, assim como sei que onde eu estiver, terão pessoas que tem a peça para completar o meu quebra-cabeça.

A simplicidade nada mais é do que isso: reconhecer que se tem muito a ensinar, mas que também se tem muito a aprender. Quando entendemos que ao apontar para alguém, tem outros três apontando para nós, não julgaremos mais.

Quando você entende que as ações individuais de cada ser têm a ver com o que ele tem por dentro (resultado de traumas, crises, baixa autoestima), você para de fazer fofocas, porque tudo que você quer é ajudar o outro a se encontrar, mas acima de qualquer coisa, você quer se encontrar.

Quando você aponta, julga, faz fofoca, diz mais de quem você é do que do outro. Um dito popular diz: "Quando Pedro fala de Paulo, sei mais de Pedro do que de Paulo."

Está em suas mãos, quem prefere ser? Aquela(e) que traz vida ou morte?

Capítulo 3

SEUS DEMÔNIOS DE ESTIMAÇÃO

Cada parte da sua vida conta uma história diferente e cada acontecimento, cada fase, tem uma representação única para você.

As pessoas que convive, podem contar experiências que vivenciaram quando estavam juntos, porém, a representação para cada ser é único, e é natural, pois cada um tem uma visão única do que é bom, e o que pode ser bom para você, pode ser bom para o outro, porém com códigos diferentes, por outro lado, o que é bom para você, pode não ser bom para o outro e vice-versa.

Da mesma forma da vida, no mundo físico, objetos, pessoas e ambientes também podem conter significados únicos e diferentes para cada ser humano. Na alimentação uso o mesmo exemplo: o que é bom para você pode não ser bom para o outro.

Quando entramos para falar de outras dimensões, ouso dizer que o que é bom para mim também é bom para você, e o que é bom para você, também é bom para o outro. Isso porque, no mundo espiritual existem coisas e objetos, repletos de significados, que na maioria das vezes, contém energias que são completamente contrárias àquilo que buscamos ou acreditamos.

Quando falo em energia, procuro buscar muita cautela para não ser mal interpretada. Um exemplo pessoal: ao conhecer alguém novo e cumprimentar com aperto de mão ou um abraço, essa pessoa se contagia com a minha energia, mas eu também sou contagiado com a energia dela, seja essa energia qual for, se eu não estiver blindado emocional e espiritualmente. Nesse toque de corpos, quando buscamos ser mais sensitivos, podemos sentir a emoção do outro, se ele está bem, se não está, se existe tristeza ou alegria profunda e então somos contagiados com essa energia inconscientemente.

O ambiente que vivemos é carregado de energias e vibrações que afetam diretamente quem nós somos e as nossas emoções, logo, também afetam as nossas ações e as nossas reações. Observe o ambiente em todos os detalhes do que está a sua volta e busque entender os significados daquilo que cultiva. Se tudo que está a sua volta te contagia, você tem plenos poderes de escolher pelo que ser contagiado e quais emoções deseja sentir.

O diabo tenta no corpo, na alma e no espírito, nessa ordem. Os demônios de estimação são todos os hábitos ruins que se apresentam com cara de bonzinho:

Todos os objetos que carregam energias negativas e fazem você se apegar;

Pessoas que atrasam o seu processo de crescimento e atrapalham o seu propósito; ambientes que dominam a sua mente e te impedem de tomar boas decisões;

Vícios que você não consegue se libertar, ainda que seja um simples vício de tomar refrigerante ou mascar chicletes;

Tudo aquilo que você tem dificuldade de desapegar ou viver sem, domina a sua mente e se torna um demônio de estimação.

Esses demônios têm grupos organizados, com líderes e hierarquia e agem em três pilares:

1. Ocupação: Primeiro te distrai;

2. Neutralização: Te faz ter hábitos contraditórios que se tornam em vício;

3. Dúvida: Controla a sua mente e te faz acreditar no que não é real. Coloca-te em dúvida do que acredita firmemente e remove a sua visão de futuro. É o famoso: "Olho para um lado e para outro, e não consigo enxergar saída, não consigo avançar em nada que faço, não consigo ter de escolher acertadas."

Isso é forte! São algemas invisíveis que são apertadas aos poucos e quando se dá por si, fica muito difícil voltar atrás.

Proponho que faça um exercício mais aprofundado, de limpeza. Dessa vez, a limpeza é num nível *hard* e envolve coisas muito maiores do que podemos imaginar.

Vamos lá?

Identifique na sua casa tudo aquilo que você tem e não sabe o significado: presentes de pessoas que não tem mais elo, coisas pessoais e presentes de pessoas que já morreram, objetos de origem duvidosa, documentos acumulados que não serão mais usados, coisas quebradas ou muito antigas, pessoas que não tem a mesma índole que você ou põe-te para baixo e remova tudo isso do seu convívio o quanto antes.

Em seguida:

1. Descreva abaixo quais são os demônios de estimação que tem permitido dominar sua mente e atrasar seu processo de crescimento.

_____

_____

_____

_____

_____

_____

_____

_____

_____

_____

_____

_____

2. Descreva as ações para eliminar cada um deles.

_____

_____

_____

_____

_____

_____

_____

_____

_____

_____

_____

_____

_____

_____

_____

_____

_____

_____

_____

ALIMENTAÇÃO DOS DEMÔNIOS

"O seu corpo vive constantemente querendo pecar, é uma luta diária contra a carne. Resista por aquilo que Deus te chamou!"

"Santo no hebraico significa escolhido." A única forma de andar em retidão é andar com Deus, caso contrário, os demônios vão crescendo e tomando controle da sua vida, conforme a alimentação que você oferece a eles. Quando você dedica o seu tempo com atividades que não elevam o seu grau cognitivo, o seu poder de percepção fica comprometido em níveis diferentes, sendo calculado de acordo com grau de carga negativa da atividade.

Supondo que a sua capacidade de raciocínio seja de 100% e cada atividade for categorizada com uma quantidade "X" de comprometimento, da mesma forma que acontece na memória de um computador, quantas horas ou dias você levaria para esvaziar toda a sua capacidade ou caso contrário, sobrecarregar a máquina interna?

Que tal fazer um breve exercício para identificar? Observe a seguir uma mera suposição de como seria comprometida a sua capacidade se você tiver algum desses itens agregados na sua vida.

DEMÔNIOS	ESPAÇO EXIGIDO	ESPAÇO LIVRE
		100%
Hábitos alimentares ruins	20%	80%
Ignorância visual (TV, besteiras na internet) por apenas 1 ou 2h diariamente	20%	60%
Mentiras	20%	40%
Procrastinação	40%	SEM ESPAÇO

Aqui deixarei uma lista com hábitos que possivelmente você tenha e irá usar as porcentagens de referência para montar sua tabela pessoal.

Vamos lá?

DEMÔNIOS	ESPAÇO EXIGIDO	ESPAÇO LIVRE
Hábitos alimentares ruins	20%	
Ignorância visual (TV, besteiras na internet) por apenas 1 ou 2h diariamente	20%	
Ignorância visual por longos períodos	50%	
Mentiras	20%	

Procrastinação	40%	
Mentiras	20%	
Pornografia	60%	
Vícios (cigarro, bebidas, refrigerante)	20%	
Cultura inútil	15%	
Açúcar em excesso	20%	
Jogos	30%	
Má conversação e fofocas	25%	
RESULTADO		

Qual foi o resultado para você? Travou a máquina por sobrecarga ou sobrou espaço?

Seja qual for a sua resposta para uma dessas duas perguntas, ainda sim, é um resultado negativo e eu vou te explicar o porquê.

Quando você gasta o seu tempo alimentando demônios que nem deveriam fazer parte da sua vida, aos poucos a sua capacidade que era de 100% vai se tornando escassa, entra vírus, o cachê fica cheio de arquivos temporários que vão se acumulando, o histórico fica cheio, armazenando pesquisas retidas, o sistema fica cada vez mais ultrapassado e então você não precisa agregar mais nada para sentir que a máquina chegou ao seu limite. Estou usando o exemplo de um computador, pois acontece exatamente igual com o ser humano.

Um ser humano normal deve estar em processo de evolução, passando por processos de interiorização e eliminando todos os dias as toxinas ingeridas através do que se ouve, do que se vê e do que se alimenta. Além do mais, é possível ainda passar por expansão de capacidade, através de leituras, capital intelectual, constante detox emocional, treino da mente e do corpo, convivência com pessoas que tenham objetivos maiores e melhores do que os seus. Pouco a pouco percebe que consegue reter melhor as experiências, passa a se comunicar melhor, os seus projetos fluem com uma velocidade absurda, o ambiente que está fica mais organizado, alimentação muda por completo e o seu exterior vai refletindo todas essas mudanças internas. Quando percebe tudo que está vivendo, se olha no espelho, o seu olhar é diferente. Você pensa: — Como avancei tanto, em tão pouco tempo? Não foi fácil, mas valeu a pena.

Que sensação maravilhosa! E aí te digo: — Seguir um propósito é difícil, gasta energia, te exige tempo, exige que se conecte com pessoas que você talvez não queira conviver, te coloca em situações que não gostaria de estar, te coloca em conflito consigo mesmo, mas enfrenta tudo com fé e coragem porque o propósito é mais forte que tudo.

Proposta é fácil, não exige tempo, está pronto, é só você pegar, mas não tem sabor de vitória.

AS COISAS QUE TE IMPEDEM DE FAZER O QUE PRECISA SER FEITO

"O primeiro passo para resolver um problema é reconhecer que ele existe, mas não para por aí, é preciso analisar esses problemas a fundo e então resolvê-los".

Por muito tempo, achei ter um grande benefício em fazer coisas que na realidade estavam me destruindo aos poucos, mantendo hábitos que atrasaram o meu processo.

Com toda certeza teria avançado muito mais rápido deixando esses maus hábitos antes. Se você busca se beneficiar de uma vida próspera, busque pôr em prática todos os ensinamentos que, com muito amor compartilho com você. Foi a maior virada de chave da minha vida! Os resultados extraordinários que tenho hoje são com toda certeza frutos de uma decisão difícil de ser tomada.

O primeiro passo é difícil, porém necessário. Hoje, já com experiência em ajudar centenas de pessoas a passar por esse processo e gozar de uma vida melhor, te digo, você pode começar mais facilmente por um simples passo: eliminando distrações diárias. Busque se afastar rapidamente de tudo e todos que facilmente roubam a sua atenção. A partir daí, vamos juntos tratar os principais pontos prejudiciais que são padrões em qualquer ser humano que está em processo de evolução. Vamos lá, se você começa tarefas e não finaliza, inicia projetos e logo deixa de lado, começa a fazer várias coisas de uma vez e vai largando uma a uma para lá, claramente você tem problema com foco. Entenda, qualidade é melhor que quantidade, terminativa é melhor que iniciativa. Você deixa as coisas de lado porque perde o prazer na execução, o processo se torna cansativo e menos atrativo do que era antes de começar. Para solucionar isso, busque encontrar prazer na caminhada e coloque uma recompensa pessoal para cada terminativa.

Aproveito para deixar uma tarefa: reveja projetos que você começou e abandonou, se isso ainda fizer sentido, defina os prazeres do trajeto e determine recompensas para cada finalização. Direcione o seu foco somente para isso e doe todas as suas energias, vai ver, é revigorante.

O segundo passo acontece decorrente do primeiro, se tem o hábito de querer fazer muitas coisas simultâneas, precisa aprender a priorizar e mandar energias para as tarefas certas.

Um forte indício de confusão mental é se você não consegue decidir em menos de 3 segundos se prefere comer no almoço, frango ou carne, se gosta de cabelos curtos ou longos, se prefere lanche ou pizza, se quer sair para jantar ou ir para o cinema, se vai usar sapatos pretos ou marrons. São coisas que parecem irrelevantes, mas treinam a sua mente e te ajudam a melhorar o poder de decisão e creia, em momentos de grandes decisões que exigem ações rápidas, você vai agradecer por investir o seu tempo treinando essa questão. Para completar essa tarefa, se ainda não escolheu em qual projeto vai investir energia essa semana, faça isso em 3, 2, 1 e passe a espelhar a mesma atitude em todas as outras decisões que precisar tomar ao longo dessa semana.

O importante é não ter medo de errar, pois, até os erros programam a sua mente com códigos que só você terá para compartilhar, e a partir daí começa a colecionar grandes experiências.

No meio do processo, você pode descobrir uma barreira, que na maioria das vezes é chamada de interferência de terceiros (direta ou indiretamente). Lidar com pessoas será um desafio e pode se dar por uma crítica ou por um convite inofensivo para desviar a sua rota que previamente já estava programada. No livro de Mateus 5:37, somos fortemente instruídos sobre o poder das nossas decisões e diz o seguinte:

"Seja, porém, o vosso falar: Sim, sim; não, não; porque o que passa disto é de procedência maligna." É nesse ponto que você vai definir o real compromisso com o seu propósito. Se disser "sim" para o propósito, automaticamente é "não" para tudo que vier desviar a atenção, não precisa nem de 3 segundos, sendo um segundo o suficiente.

É óbvio que precisamos ser maleáveis e analisar cada situação de forma individual, vamos supor que definiu um tempo específico para cada tarefa diariamente, e a proposta seja justamente referente a este objetivo, use uma ferramenta para agregar tarefas e conciliar duas atividades em simultâneo. Importante que todos os momentos que decidir viver, sejam momentos de intenso prazer. Aliar tarefas obrigatórias com fontes de prazer é um truque para que sua mente se adapte mais facilmente e as suas emoções não sejam conflituosas. E lembre-se: independente do que decidir fazer, seja firme em tudo que decidir, mas sobretudo, pelo bem da sua saúde emocional, se algo não te faz bem, saiba o momento certo de agir.

Não são poucas às vezes, que ouço a frase: "Desistir não é uma opção", ou, "Nossa maior fraqueza está em desistir". São frases que durante algum tempo tiveram grande influência na minha vida e me fez viver refém das minhas próprias emoções, onde as algemas fingiam ser minhas amigas, e diziam: — Você precisa ser forte, se mudar de ideia agora e desistir no meio no caminho, que moral vai ter? Logo você que fala tanto sobre força?

No auge da minha dor emocional percebi que não estava sendo forte em continuar na situação, eu estava me tornando fisicamente e emocionalmente fraca, mas ao contrário disso, decidindo parar, aí que eu estaria me tornando forte. Visivelmente contraditório não é mesmo? Negativo! As minhas decisões devem ser baseadas em 3 perguntas básicas:

1- O que vou ganhar e perder, é para construção de um eu melhor ou exige além do que possa suportar?

2- A origem da situação se dá por uma dificuldade do trajeto ou por livramento?

E a mais importante:

3- Seguem os princípios de Deus?

Lembrando que você deve ter muito bem definido quais são os princípios de Deus, para colocar tudo na balança e chegar a uma conclusão, sendo firme e constante. Decidiu fazer? Seja firme! Decidiu parar? Tenha claro quais são os impactos positivos e negativos.

No livro de Hebreus 11:33-34 tem uma passagem que diz assim: "Os quais por meio da fé venceram reinos, praticaram a justiça, alcançaram promessas, fecharam a boca dos leões, apagaram a força do fogo, escaparam do fio da espada, da fraqueza tiraram forças, tornaram-se poderosos na guerra, puseram em fuga exércitos inimigos." Que palavra poderosa!

E por fim, aprenda a lidar com as mudanças de rota, já que não tem como rever o que tem mais à frente, esteja preparado para mudanças de última hora e situações inesperadas.

DICAS PRÁTICAS DE COMO COMBATER DEMÔNIOS DE ESTIMAÇÃO

- Cuide das suas emoções;

- Entenda o seu propósito;

- Defina prioridades;

- Mantenha o foco;

- Desista de uma situação, não do propósito;

- Mude a rota, não o destino;

- Honre os princípios;

- Ouça a voz de Deus antes de ouvir a voz dos homens;

- Entenda o que a voz de Deus diz;

47

- Obedeça à voz de Deus;

- Não desista daquilo que Deus te chamou para fazer;

- Elimine as críticas;

- O lugar que você foi humilhado é o mesmo lugar que será honrado;

- Não saia do lugar que foi humilhado antes de ser honrado;

- Aguente firme;

- Rompa as algemas;

- Produza bons frutos;

- Se cair, não fique caído por muito tempo;

- Se errar, corrija e se não puder corrigir, siga em frente;

- Tenha fé, mas, sobretudo, ações;

- Mantenha tudo limpo e organizado;

- Se dobre perante Deus;

- Se ameaçarem te jogar na cova dos leões, prefira ir;

- Crença parada não faz nada acontecer;

- Não existe nada que não exista dentro de você;

- Deus não vai por nada novo na terra, tudo que você precisa, já existe;

- Se quer ter uma vida excelente, primeiro tem que deixar a boa;

- Quem tem uma missão, morre, mas não fica sem fazer;

- Se estiver debaixo do propósito, você não morre;

- Toda provação é para te certificar para próxima fase;

- Eliminar o "e SE" e o "e COMO" do seu vocabulário;

- Só pare quando multiplicar o talento ou fazer o hand over (passar o bastão);

- Desistir é uma opção

- Instrução alavanca resultado;

- Se tiver demônio, expulsa;

- Se for humano atrapalhando o propósito - se afasta;

- Problema com você, se trata;

- Ore todos os dias;

- Tem demônio que só sai com jejum e oração;

- Intercessão é uma máquina aceleradora de resultados;

- Honre os seus pais;

- Ame os seus amigos;

- Mantenha os seus princípios;

- Seja próspero;

- Seja constante;

- Seja amável;

- Seja feliz.

COMO TER CONTROLE MENTAL ABSOLUTO

Você sabia que a indecisão é fruto de querer ser perfeito? Saiba, você não é.

Indecisão não é ficar desprovido de opção, mas medo de errar. Quando se tem medo de errar acaba por se prender ao perfeccionismo, logo, ata-se um nó emocional, pode desenvolver depressão, ansiedade, insônia e distúrbios alimentares. Você ativa sem se quer perceber uma arma autodestrutiva que vive apontada para você. Percebe como um pequeno problema aparentemente inofensivo pode se tornar uma doença grave e difícil de ser controlada?

Pequenos hábitos presentes em sua vida podem por muito tempo tê-lo impedido de realizar grandes coisas. Aos poucos você passa a espelhar em coisas maiores o mesmo comportamento que tem quando se trata de coisas pequenas, natural, da mesma forma que se faz uma coisa, se faz todas as outras. Toda mudança por menor que seja, provoca evolução, você só não deve parar o processo de conhecimento e principalmente o autoconhecimento e entender como a demora na escolha do sabor de sorvete pode impactar o seu desenvolvimento como ser humano. Podemos tratar esse assunto de forma bem abrangente, notando impactos significativos no ramo profissional, pessoal e afetivo. Por exemplo: Quando foi a última vez que pediu pizza? Quanto tempo olhou o cardápio antes de decidir qual sabor pedir? Antes de sair de casa com uma determinada roupa, quantas vezes se trocou ou demorou escolhendo? Ao contrário do que se pensa, não são grandes atitudes que mudam destinos, são as pequenas, a única coisa que nasce grande é monstro, todas as demais passam por um processo de desenvolvimento.

Para falar em controle emocional absoluto, inevitável exemplificar novamente sem tocar no assunto "processos" e abrir novamente a vertente sobre ciclos.

Todo processo é formado por diversos ciclos, para assimilar melhor, vamos comparar com a escola, como sabemos, quando damos início a vida escolar, precisamos passar por várias etapas até a formação, iniciamos na seguinte ordem: berçário, pré-escola, ensino fundamental e ensino médio. Para os que querem ir mais além a um conhecimento específico temos: graduação, pós-graduação, MBA e doutorado. Quando citamos cada um destes, podemos categorizar como processos e o que tem em cada um deles são o que chamamos de ciclos (primeira, segunda, terceira, até a oitava série) no ensino fundamental, ao menos na minha época de escola era assim, agora tem até a nona série, isso considera-se o encerramento de um ciclo fundamental e a seguir tem o ciclo de ensino médio, finalizando então um processo escolar e iniciando as preparações para entrar no processo de formação superior ou ingressar no processo do mercado de trabalho.

Agora que você consegue assimilar de forma mais prática, vamos avançar. Dentro de cada ciclo, devemos estar atentos, assim como na escola, são propostos lições, materiais didáticos, leituras e obrigatoriamente no final passarão por uma prova, sendo só então considerados aptos ou não para passar de série, no nosso caso finalizar um ciclo para iniciar outro. Mas o que eu quero dizer com tudo isso, no decorrer da sua vida, você precisa se esforçar para aprender todas as lições e tarefas que são propostas, isso o fará apto para iniciar o novo ciclo e avançar para fases mais difíceis, sabendo que só é possível iniciar um novo ciclo quando o anterior está completo, do contrário precisará repetir ou, em todo caso, se avançar sem concluir saiba que a vida não será tão generosa. Quando falo sobre a importância de avançar em cada etapa, se trata da construção das experiências e aprendizados que irá colecionar ao longo da vida, elementos fundamentais para ter estrutura física, emocional e espiritual para lidar com qualquer situação, por mais difícil que seja. Aliás, situações difíceis terá ao longo de toda a vida, o que diferencia uma da outra são as suas experiências. Não fica mais fácil, fica cada vez mais difícil, em contrapartida, tem cada vez mais facilidade para resolver.

Não tente burlar o processo, não tente pular ciclos, aproveite cada segundo, agarre com força cada experiência e cumpra todas as tarefas. Diante de tudo que foi dito, a única diferença de uma escola para a sua vida é que você não poderá jamais escolher quando parar o processo. Quando termina um, automaticamente começa outro, não é uma questão de escolha. A única escolha que você pode e deve ter é de como passar esses processos.

Quero antes de finalizar esse capítulo, te fazer voltar um pouquinho a lembrança de quando citamos como funciona a máquina ser humano e fizemos a comparação com um computador. Falamos sobre ocupação de capacidade e os impactos do que nos alimentamos no dia a dia. A essa altura creio que você já se preocupou em organizar os seus hábitos para que o seu ser tenha mais espaço para coisas úteis, para que o teu coração seja preenchido com coisas saudáveis, mas algo que você não pode deixar de ter sempre atualizado é um bom antivírus.

Ele que vai te proteger de ataques externos, Ele que vai te proteger de conteúdos indesejáveis, Ele que vai proteger os seus dados sensíveis, Ele que vai te proteger de uma invasão que destrua tudo que você levou tempo para construir. Ele é o seu filtro, o seu indicador de quais arquivos aceitar e quais deletar, quais são os programas que você pode instalar e os que não pode. Se você o mantiver sempre ativo e atualizado, não tenha dúvidas, nada passa por Ele.

Agora parando de parafrasear e sendo bem direta ao ponto, o Espírito Santo é o seu antivírus, é Ele quem vai te apontar toda vez que uma ameaça se aproximar, e muito além disso, Ele te aponta à direção a seguir, faz com que seus olhos enxerguem muito além do que você de fato pode ver.

Se em algum momento você disser para mim que tem controle mental absoluto, mas ainda não se permitiu conhecer e andar com esse ser, afirmo: Você tem controle mental, mas não tem controle emocional absoluto.

Importante:

Durante o processo, se comprometa em errar 10x seguidas para que o seu cérebro surte e te empurre para próxima fase.

Capítulo 4

NÃO É O DINHEIRO QUE TE FAZ TER UMA VIDA MELHOR

"Direcione sua vida para um Alvo."

Recentemente comprei uma casa linda. Um gramado verde e amplo, 350m2 só de área verde. Desde que pisei ali na primeira vez, visualizei um jardim e fiz vários planos de como ele seria feito, quais os tipos de plantas e árvores que teria que comprar, ferramentas e produtos para preparar a terra e um jardineiro profissional para deixar tudo como eu queria. Então fui a uma casa de jardinagem para comprar as palmeiras, coqueiros, plantas belas e floridas, e imaginava eu que chegando em casa, plantando, tornaria rapidamente um jardim extraordinário, porém, após idealizar e começar os orçamentos, percebo que me custaria um valor um tanto alto para fazer o jardim com o porte que eu gostaria e na velocidade que eu desejava, foi então que fui até o jardim da minha mãe, ela tirou algumas mudinhas das plantas que ela mesma cultivou e comprei outras mudinhas das árvores que eu gostaria, mas por serem mudas pequenas o valor seria bem mais em conta.

Peguei uma enxada do meu pai, casca de frutas e legumes que consumia na minha casa e transformei em adubo para o meu jardim. Sem ter nenhuma experiência, cheguei em casa já tarde da noite e deixei as mudinhas num canto do jardim. No dia seguinte, saí logo pela manhã para uma reunião e quando voltei me dei conta que havia esquecido as mudinhas que já estavam aparentemente mortas, mesmo assim as plantei. Desde então me propus a cuidar, fazer a rega todos os dias, conversar com elas, colocar adubo e podar as folhas e os galhos que não prestavam mais. Foi aí que percebi que mesmo sem ter nenhum conhecimento e experiência com plantas elas começaram a reagir, brotar novas folhas e galhos em apenas uma semana de cuidados. Nesse momento uma voz interior falou comigo: — Se é possível fazer isso com plantas, imagine o que pode ser feito por pessoas. A minha alma se despedaçou naquele instante e eu pude perceber o quanto eu estava sendo egoísta.

Minha vida estava perfeita, empresa estruturada, casa nova, carro novo, casamento perfeito, família com saúde, não havia falta de nada, minha única preocupação no momento era o tamanho da banheira que eu colocaria na minha suíte máster, qual azulejo colocaria nas bordas da piscina ou se iria encontrar alguém para cozinhar para mim. Quanto conforto, quanto egoísmo, eu não poderia deixar de ouvir o meu coração, que, na verdade, era a voz de Deus me chamando para viver algo muito maior.

ESQUEÇA O EXTRAORDINÁRIO E VIVA O SIMPLES

"Assim como os céus são mais altos do que a terra, também os meus caminhos são mais altos do que os seus caminhos e os meus pensamentos mais altos do que os seus pensamentos." Isaías 55:9

Muitas vezes não somos capazes de entender as rotas da nossa vida, não por falta de preparo, mas, porque Deus muitas vezes não nos permite saber o que está preparado lá na frente, se não a gente dá com a língua nos dentes e sai falando para todo mundo, risos. É assim ou não é? E está tudo bem, Ele decide preservar o seu coração e ir te mostrando como as coisas vão funcionar a partir do momento que você decide obedecer. Agora, imaginem só se eu pude dar continuidade no meu jardim? Minha consciência e meu coração já não me permitiam continuar ali, no mesmo lugar, vivendo a minha vida perfeita enquanto outras pessoas estavam naquele exato momento vivendo com crises emocionais, com problemas conjugais, sem emprego, sem princípios para empreender. Além do mais, eu precisava também me desenvolver emocionalmente, fisicamente e espiritualmente para transbordar de alguma forma o que eu já estava vivendo. A ordem logo veio, foi certeiro, estava na hora de voltar para o lugar de origem. Em apenas 3 dias, juntei algumas peças de roupas junto com meu esposo e mudamos para Alphaville - SP. Deixamos casa, empresa, família, bens, para obedecer à voz de Deus.

Você está aí lendo e achando tudo isso uma loucura? Tudo bem, as pessoas sempre fazem questão de falar sobre isso, mas loucura maior seria ficar no meu conforto e simplesmente ignorar o chamado de Deus.

Não quero que pense que tive uma atitude plausível, ou que eu seja melhor que outras pessoas que não tiveram "peito" e a mesma coragem para encarar um chamado e obedecer a uma voz, mas quero que você saiba que foi a fase que menos tive dinheiro na minha vida, mas a fase que me senti mais completa e realizada em todas as áreas. É um sentimento inexplicável, você precisa viver para crer, para sentir e principalmente para entender que a prosperidade não tem absolutamente nada a ver com dinheiro, é uma mudança que acontece lá no seu íntimo, dinheiro é só consequência de quem você se tornou.

Nesse instante, quero compartilhar 5 passos simples que podem mudar a sua vida:

1- Aceite o novo;

2- Viva o processo;

3- Execute pequenas tarefas;

4- Obedeça à voz de Deus imediatamente; e por fim,

5- Ame mais.

QUANDO QUERO AS COISAS DE GRAÇA, DESVALORIZO A MIM E O PRÓXIMO

Conta em uma história da Bíblia, no livro de 2 Samuel 23 que certa vez, na caverna de Adulão, estava Davi acampado e protegido dos filisteus que estavam na cidade de Belém. Em dado momento, acompanhado dos três principais guerreiros do exército, Davi pensou alto e disse: "Quem me dera beber da água da cisterna de Belém, que está junto à porta!" Isso era apenas um desejo, ele sabia que não era sensato alguém ir tão próximo do inimigo.

Mas os três guerreiros levaram a sério o desejo do Rei., tão sério que passaram pelo acampamento dos filisteus, tiraram água da cisterna e a trouxeram a Davi.

Mesmo sem lhe ser feito um pedido, os guerreiros se colocaram em posição de servo para fazer um agrado ao rei. Os homens chegaram com a água, porém ele não a quis beber, mas derramou-a perante o Senhor. E disse: "Guarda-me, ó Senhor, de que tal faça; beberia eu o sangue dos homens que foram com risco da sua vida?"

Davi era o rei e como tal era digno de tais sacrifícios, seu ato pode parecer rude, mas demonstra muita humildade em reconhecer que a atitude dos guerreiros superou todas as suas necessidades.

Ao ler esse trecho da história, me vem um *insight* poderoso que está escrito nas entrelinhas: "Ainda que eu seja o Rei, não quero nada que não me custe, independente do cargo que eu ocupe, não posso exigir nada de ninguém e nem submeter outros a fazer sacrifícios por mim, somente Deus é merecedor de tamanho sacrifício."

Gente, isso é muito forte, se trata de uma habilidade emocional poderosa de Davi. Isso nos leva direto ao ponto chave deste trecho: "Tudo que vem de graça para mim, custou o sacrifício de alguém antes de chegar as minhas mãos!"

Agora acompanhe o raciocínio, se você não é capaz de valorizar o outro, como quer ser valorizado? Você só pode colher aquilo que plantar.

Por outro lado, temos os guerreiros, exemplo de um coração disposto a servir. Ser servo não é fazer o que o outro manda, ser servo é estar disponível, ser voluntário, estar disposto a fazer além do esperado.

Imagine se eles se colocassem em posição de enfrentar Davi por derramar a água sem beber? Mas, além disso, também demonstraram humildade em sua atitude de seguir servindo não só a Davi, mas também a Deus na batalha contra os filisteus.

Foi com atitudes como esta descrita em 2 Samuel 23 que Davi revelava dia após dia ser um homem segundo o coração de Deus.

Use essa passagem como dosagem para sua vida. Autoridade é o que você conquista, resultado de quem você é e das suas ações, é transmitida com elegância e boa educação.

Uma autoridade não se coloca em posição de ser melhor que os demais, aborda seu conhecimento de forma prática e intuitiva a fim de colaborar para um bem maior, diferente da arrogância, que te coloca em uma posição de abuso de autoridade com uma atitude superior à solicitada no momento para mostrar que é melhor ou mais importante que o outro! Não se diminua, mas não seja arrogante ao ponto de achar que as pessoas devem te servir incondicionalmente.

JUNTO COM UM PRESENTE VEM AS RESPONSABILIDADES

Certa vez ganhei uma Land Rover. Você leu certo, ganhei um carro, mais precisamente uma Land Rover. Resultado de uma mentalização muito forte que eu fazia há anos, fruto das minhas ações e principalmente da bondade de Deus. Gente que carro top, mas, como tudo que tem um grau de excelência elevado obviamente às responsabilidades que eu assumiria dali para frente seria proporcional ao tamanho do benefício. A partir de então eu teria um benefício, que seria não andar a pé, poder diversificar de carro, fazer branding, ter mais espaços para colocar malas para viajar e mais uma série de benefícios, mas, também teria de imediatamente pagar IPVA, fazer troca de óleo, revisão, abastecer, lavar, preparar documentação, enfim. Foi um presente? Sim, foi, mas se você parar para pensar somente nas responsabilidades passa a ignorar o fato de ter recebido algo tão especial.

A nossa parte deve ser o de reconhecer o carinho de quem nos presenteia e assumir as responsabilidades com muita alegria, pois, quanto maiores são as responsabilidades que lhes são confiadas, mais habilidades você deve ter e desenvolver para cumprir o seu papel com louvor. O engraçado é que nós ganhamos vários presentes ao longo da vida, mas você já parou para pensar nisso quando ganha uma roupa, ou um tênis, ou até um celular?

Claro que não, e isso não quer dizer que o presente não veio acompanhado de responsabilidades, pois, no caso de ganhar uma roupa, o benefício é você diversificar o seu look, ficar mais bonito, a responsabilidade é que você vai ter que lavar e passar se quiser continuar usando; Quando ganha um tênis, você ganhou conforto, proteção para os pés, beleza, mas tem que limpar, lavar, tomar cuidados ao andar para não tropeçar e abrir o tênis; No caso do celular, o benefício é um aparelho mais moderno, que tira fotos, capacidade de armazenamento maior, a responsabilidade é colocar créditos para fazer ligações ou contratar um plano Wi-Fi para conectar à internet. Perceba que absolutamente tudo tem os dois lados da moeda.

Tudo na vida tem um preço a ser pago, se você quer conquistar algo excelente, precisa estar preparado para dedicar tempo, atenção, renunciar a algumas coisas e priorizar outras.

"Quando eu te dou algo que é meu e você aceita, você não está ganhando somente os benefícios, você está assumindo responsabilidades!"

Capítulo 5

APROVEITE AS OPORTUNIDADES QUE LHE FORAM DADAS E CRIE AS SUAS PRÓPRIAS

SENTIMENTO

"Quem se antecipa, fica no controle da situação."

Algumas vezes, durante a minha vida, tive um grande sentimento de que a minha mente caminhava em direção ao desconhecido, mas o meu corpo não acompanhava. É como se eu caminhasse para um lugar, me vejo em determinada cena quando, na verdade, o meu corpo nunca esteve lá. Você já se sentiu assim? Não confunda com o déjà-vu, que em francês significa, já visto. No déjà-vu, se tem a sensação de já ter vivido uma situação que acontece no tempo presente, se tornando uma experiência diferente da qual eu vivo, não se trata apenas de uma sensação de já ter visto ou estado em um determinado ambiente, eu sei, tenho a certeza de ter visualizado a cena em algum momento. Em algumas religiões se explicaria isso pela reencarnação, por já ter frequentado determinado ambiente e convivido com aquelas pessoas em vidas passadas, mas não, essa não é uma explicação relevante para o meu caso.

Vamos voltar a lembrança de quando falamos sobre a mentalização, uma situação em que você constrói em sua mente a imagem completa de algo que se quer muito, consiste em acreditar firmemente no que imagina, sentir cheiros, gostos, sensações e pouco tempo depois acontecer exatamente da forma com que se imaginou. Isso se trata somente da força da mente? Não, existe algo mais profundo que eu quero compartilhar com você agora.

Quando olhamos no relógio ou no calendário, sabemos exatamente em que fase do dia, mês ou ano estamos, esse fato se dá pelo Chronos, que vem do termo cronológico, é à medida que usamos para contar o tempo em horas, minutos, dias, semanas, meses, anos. Vamos considerar Chronos como um limitador para a quantidade de tarefas realizadas durante um dia ou determinado tempo, isso se torna fato inquestionável, pois, jamais será possível parar o tempo ao nosso favor para conciliar mais atividades, ou aproveitar um tempo a mais com quem se gosta, acabamos por nos tornar escravos do tempo, sempre correndo para manter tudo em ordem, segundo cronogramas e prazos. Nunca será possível ganhar do tempo.

Quando falamos em oportunidades, falamos nada mais e nada menos que de Kairós, talvez você ainda não houvesse conhecido esse termo, que no grego significa "O tempo oportuno." Kairós é o tempo que não pode ser previsto ou cronometrado, trata-se das coisas que acontecem sem ter hora marcada, são as chamadas surpresas do dia a dia, logo, trata-se da oportunidade. Viver uma vida baseada no Kairós, é viver uma vida baseada em aproveitar as oportunidades, sem estar focado o tempo todo no implacável tempo. Enquanto vivência em nosso dia a dia, fala-se muito em como administrar melhor o nosso tempo, porém, precisamos nos aliar ao máximo ao nosso poder de decisão, pois, enquanto Chronos quantifica, Kairós qualifica e a nossa rotina diária deve ser marcada por esses dois tempos.

Já que o mais conhecido por todos é o Chronos, vamos focar por hora no novo, sendo vivenciado com qualidade, com menos regras, enxergando cada momento como precioso, transcendental. Jesus nos ensina a viver dessa forma, trazendo grandes significados a nossa existência, além de aproveitar com garra as oportunidades que nos são dadas em momento surpresa, criar as próprias oportunidades fazem parte do trajeto, tornar real tudo aquilo que temos em nós de forma tangível, tocável, gerando novas experiências para si e para as demais pessoas de nossa convivência.

Saiba, tudo que acontece agora no mundo físico, é só uma concretização do que já aconteceu antes em um plano espiritual. A forma com que você lida com essas duas ferramentas que lhe apresentei, Chronos e Kairós, tornarão a sua vida um tanto quanto interessante. Não deixe nada para amanhã, pode ser que o amanhã não exista, desperte o senso de urgência e se posicione, não permita que o medo te paralise.

Goze de um espírito calmo e tranquilo, capaz de tomar decisões mais assertivas, isso só será possível ajustando as velas do seu barco, aliando conhecimento, experiência, discernimento e sentimento. Quem não tem tempo para absorver algo, fica presa a circunstância e acaba agindo pela emoção ou pela condição.

QUAIS HABILIDADES EU PRECISO DESENVOLVER?

Direção

Olhe para si, há algum tempo nem na terra você vivia e através da fecundação de dois agentes diferentes passou a ter vida e se desenvolveu pouco a pouco até nascer, demorou um tempo, precisou de muitos cuidados até aprender andar, muita atenção para aprender falar, foi para escola para evoluir, passou por vários tipos de modificações físicas, desenvolveu o intelecto, passou por tantas experiências até se tornar quem é hoje e ainda sim, sente que falta algo, e sempre vai faltar, repito, sempre vai faltar, até que um dia você perceba: "O vazio que está dentro de você é do tamanho de Deus." A minha intenção em te dizer isso, não é te convencer que existe uma verdade absoluta, ninguém é obrigado a aceitar que existe uma peça chave que preenche todo e qualquer vão, mas entenda algo, você precisa cavar mais fundo, quando achar que está fundo o suficiente, cave mais, eu quero que você vá mais profundo, não pare até descobrir a verdade e tenha algo em mente, a busca deve ser constante, o processo de evolução é um processo que não acaba nunca! Quando descobrir a verdade, aí que vai descobrir junto o verdadeiro significado de "ir mais fundo, cavar mais profundo," você vai sentir algo real, todas as peças se encaixam automaticamente, é natural.

Vamos seguir… Só siga, ainda que não veja! Fé não é um sentimento, fé é irracional, fé é a direção, fé é estado de espírito de quem continua crendo ainda que não esteja vendo.

APRENDIZADO VEM COM A PRÁTICA

Ação

Meus irmãos, que interessa se alguém disser que tem fé em Deus e não fizer prova disso através de obras? Esse tipo de fé não salva ninguém. Se um irmão ou irmã sofrer por falta de vestuário, ou por passar fome, e lhe disserem: "Procura viver pacificamente e vai-te aquecendo e comendo como puderes", e não lhe derem aquilo de que precisa para viver, uma tal resposta fará algum bem? Assim também a fé, se não se traduzir em obras, é morta em si mesma. Poderão até dizer: "Tu tens a fé, mas eu tenho as obras. Mostra-me então a tua fé sem as obras. Porque eu dou-te a prova da minha fé através das minhas boas obras!" Crês que há um só Deus? Estás muito certo. Mas lembra-te que os demônios também creem e tremem! És uma pessoa bem insensata se não conseguires compreender que a fé sem obras não vale de nada. Não mostrou o nosso pai Abraão que era justo através dos seus atos, ao oferecer a Deus o seu filho, Isaque, sobre um altar? Como vês, na sua vida a fé e as obras atuaram conjuntamente. A fé completou-se através das obras. Por isso, as Escrituras dizem: "Abraão creu em Deus e este declarou-o como justo." E foi chamado o amigo de Deus. Estão, a ver então que a pessoa é considerada justa aos olhos de Deus pelo que faz e não só por crer. Outro exemplo é Raabe, aquela mulher que era meretriz. Ela foi declarada justa por aquilo que fez, pois, não teve medo de esconder os espias e ajudou-os a escaparem-se por outro caminho. Tal como o corpo está morto se não há espírito nele, assim também a fé sem obras está morta. Tiago 2:14-26

Desde muito pequena, fui frequente na igreja. Nascida em berço evangélico, tive contato com a palavra de Deus desde cedo e ouvi muitas vezes um mesmo trecho bíblico ser pregado de inúmeras formas diferentes, um exemplo é sobre o livro de Jó, as repetidas vezes que ouvi essa mesma palavra ser abordada em versões diferentes, em uma delas falando sobre a imprudente mulher de Jó que o incentivou a se revoltar contra Deus, mas que foi a mesma mulher que Deus permitiu continuar com Ele quando lhe restituiu a bonança. Referente à mesma mensagem, quantas vezes se ouviu dizer que Jó passou por tudo que passou e jamais reclamou? O fato é que a Bíblia registra mais de 20 vezes em que Jó reclamou e fez questionamentos, uma referência sobre esse episódio consta no livro de Jó capítulo 3 e para entender a história a fundo, sugiro que faça a leitura de todo o capítulo, mas entenda, não se baseie nas atitudes de Jó para sair por aí revoltado com Deus, tudo tem seu texto e contexto. Jó estava passando por uma provação terrível, ficou com o emocional machucado, todos estamos suscetíveis a passar por situações que nos sensibilizam, Deus em todo tempo demonstrou seu amor por Jó, mas ele não podia enxergar. Repito, quando você fica emocionalmente abalado, fica também cego e surdo, mas tudo muda quando acontece três situações marcantes na trajetória de Jó:

1- Jó reconhece a magnitude do Poder de Deus;

"Bem sei que tudo podes, e nenhum dos teus planos pode ser frustrado". - Jó 42-1

2- Confessa sua falta de fé em Deus e reconhece que precisa ter relacionamento com Ele;

"Eu te conhecia só de ouvir, mas agora os meus olhos te veem". - Jó 42-5

3- Arrependimento;

*"Por isso, me abomino e me arrependo no pó e na
cinza"*. - Jó 42-6

Há quantos anos você ora a Deus pedindo coisas, pedindo
que Deus mude situações, mude pessoas. Deus está pronto
para te ouvir e te atender, mas sabe por que a situação não
muda?

Deus só vai mudar a situação quando você mudar!

*"... e o Senhor aceitou a oração de Jó. Mudou o
Senhor a sorte de Jó, quando este orava pelos seus
amigos;"* Jó 42-9b e 10

Deus ouve você sempre, mas Ele só vai aceitar a sua
oração quando você orar pelo que sabe, não pelo que sente,
quando você orar crendo no que os seus olhos veem e não no
que os seus ouvidos ouviram. Crie experiências com Deus, as
suas próprias experiências, tenha relacionamento com Ele, dê
um basta, pare agora de viver pelas experiências dos outros.

Quando você deixa de acreditar no que os outros falam e
vai atrás para saber se a falácia é verdadeira, passa a entender
que as coisas acontecem não através da crença ou apenas da
oração, mas através da ação. Orar e agir.

Quero propor uma tarefa prática.

1. Descreva 10 situações que você deseja que mude há algum tempo, mas não vê os resultados físicos. Seja o comportamento de alguém que você ama, uma empresa que deseja ter, um curso para realizar etc.

1._____

2._____

3._____

4._____

5._____

6._____

7._____

8._____

9._____

10._____

2. Agora, para cada desejo, desenvolva um plano de ação.

O plano deve estar estruturado nos três pilares abordados anteriormente, sentimento, direção e ação. Observe com atenção em que estão baseados esses pilares.

_____

_____

_____

_____

_____

_____

_____

_____

_____

_____

_____

_____

_____

_____

_____

_____

_____

_____

_____

_____

_____

"Eu preciso ter senso de urgência para transformar minha realidade."

Capítulo 6

VISÃO MULTIFOCAL

Você já ouviu sobre uma famosa alusão que ao pensar em vida nova, você alia esse fato sempre a outros pontos? Exemplo: "Casa Nova, vida nova. Emprego novo, vida nova", como se um fato automaticamente se atrelasse a outro e consequentemente você designa o fato de ter uma vida nova somente se algo novo lhe acontecer?

E se por hora você ignorar o fato de querer que algo novo aconteça e objetivamente determinar: "VIDA NOVA?"

SABEDORIA X INTELIGÊNCIA

É difícil para nós compreendermos todos os dons que Jesus nos confiou. Frequentemente Ele oferece provas do seu amor por nós através de "cobranças," provas ocultas para o desenvolvimento desses dons. Como assim?

Jesus testava os seus discípulos constantemente, a palavra teste, no grego é traduzida como "tentar", mas claramente não era isso que Jesus fazia, o intuito era aplicar um teste, como o que fazemos na escola, geralmente aplicado por um professor do qual a finalidade é medir o grau de aprendizado. Quando Jesus os fazia alguma pergunta, fazia não porque não sabia a resposta, mas por querer entender até onde seriam capazes de responder e qual o grau de conhecimento.

Certa vez, frente a uma grande multidão que aguardava para ser alimentada, Jesus perguntou a Filipe: "Onde compraremos pão, para estes comerem?" Mas perguntou, na intenção de lhe testar, pois, bem sabia que haveria de fazer. Filipe lhe respondeu assim: "Duzentos dinheiros de pão não lhe bastarão, para que cada um deles tome um pouco." Observando os outros discípulos, André e Pedro disseram: "Mestre, eis aqui um rapaz que tem no cesto cinco pães e dois peixinhos, mas que servirá essa quantidade para tantos?"

Jesus mandou que se assentasse a multidão e foram então distribuídos os pães e os peixes, quase cinco mil pessoas, ao fim todos comeram e foram saciados. Jesus estava ensinando os discípulos, porém, não foram aprovados por falta de fé. Naquele instante havia acontecido um grande milagre, a multiplicação de pães e peixes.

Percebe o impacto desse acontecimento ainda nos dias de hoje? Enquanto você está sendo testado o milagre está acontecendo, isso é algo poderoso, ensina verdadeiramente a exercer o poder da visão de uma forma diferente, com fé, ao invés de olhar o tamanho da dificuldade, você olha para a dimensão do propósito.

Pão, segundo a bíblia significa sabedoria, a multiplicação de maior quantidade de pães indica que você deve buscar mais sabedoria do que inteligência, Salomão pediu a Deus sabedoria ao invés de riquezas.

Por influência da mitologia grega, a coruja se tornou o símbolo da sabedoria, é uma ave noturna, portanto, tem a capacidade de ver através da escuridão o que os outros animais não veem. Enquanto todos dormem, a coruja fica acordada, com os olhos arregalados, vigilante e atenta. A coruja tem uma particularidade de girar o pescoço em até 270° para observar algo a seu redor e enquanto isso mantém seu corpo imóvel, indício de estabilidade. Sua capacidade de visão e audição é muito aguçada. Suas características traduz o conhecimento racional e intuitivo.

Peixe significa inteligência. "você busca inteligência através de conhecimento, livros, estudos", mas é preciso se alimentar com cuidado para não se engasgar com as espinhas.

O peixe é há algum tempo alvo de estudo dos cientistas, os quais têm apresentado estudos e evidências de que um peixe tem sentimentos e memória afetiva. Há evidências de que um peixinho dourado é capaz de manter viva uma memória por até três meses, e outras espécies mantém a memória ativa por até onze meses. Dependendo do ambiente em que vive, se mantido como pet, é capaz de reconhecer rostos, demonstrando inteligência em assimilar coisas, gravar fisionomias e se apegar emocionalmente. Em contrapartida, com toda sua inteligência não é capaz de fugir do perigo de uma simples armadilha, o instinto de competição e proteção de território é o que o mata. Daí vem o ditado: "o peixe morre pela boca," mas ao contrário disso, o peixe morre por não saber discernir onde está o perigo.

"Se algum de vocês tem falta de sabedoria, peça-a a Deus, que a todos dá livremente, de boa vontade; e lhe será concedida." Tiago 1:5

CONSTRUA SUA CASA SOBRE A ROCHA

Quando se fala em construção, vem a sua cabeça para falar de casa também? Na minha é a primeira lembrança que vem.

Durante a minha infância, acompanhei meu pai, como pedreiro, construindo a nossa casa. Como sempre fui muito observadora e curiosa, gostava de acompanhar quando estava mexendo na obra e aprendi alguns detalhes muito importantes quando se trata de construção. Se em algum momento te perguntarem qual a primeira etapa de uma obra você saberia responder de forma imediata? Para fazer uma dinâmica perguntei a algumas pessoas que estavam ao meu lado, uma respondeu que a primeira etapa seria a fundação, outro respondeu que seria o projeto da casa e as respostas ficaram variando nessas duas opções. As respostas estão erradas e eu posso provar. Como será possível iniciar a fundação sem ter um projeto em mãos de onde cavar? E como desenvolver um projeto se antes disso não se tem um terreno?

Digo, a primeira e mais importante fase de uma obra é escolher o terreno e em seguida as outras sete etapas como: planejamento, fundação, alvenaria, estrutura, instalações elétricas e hidráulicas, cobertura e acabamento são resultados de ter um terreno, sabendo-se firmemente que todas as etapas só puderam ser concluídas porque antes de tudo, o terreno estava preparado para receber a construção.

Considerando que Deus te escolheu como terreno para construir uma grande obra, entenda que será preciso passar por algumas etapas importantes até estar pronto.

Muitas vezes, queremos dar muito valor ao que está aparente, por exemplo, quando falamos em construção, tentamos usar de recursos de decoração para esconder colunas ou vigas aparentes, por exemplo. Mas, logo entendemos que o segredo não está no decorar e sim no estruturar. Assim, firmados na palavra de Deus, devemos entender que a estruturação é o ponto mais importante da obra, e não a decoração, a palavra nos orienta a fazer essa estrutura por sobre a rocha.

> *"Portanto, quem ouve estas minhas palavras e as pratica é como um homem prudente que construiu a sua casa sobre a rocha. Caiu a chuva, transbordaram os rios, sopraram os ventos e deram contra aquela casa, e ela não caiu, porque tinha seus alicerces na rocha".* Mateus 7:24-25

Salomão, o homem mais rico e sábio que existiu, descreve sete colunas para se construir uma casa, uma vida feliz com longevidade, com honras, com riquezas, com prazer. As setes colunas estão em Tiago 3-17

"A Sabedoria é uma pessoa."

1. Pura, que não se corrompe;

2. Pacífica, amável, reflete a bondade de Deus;

3. Moderada, compreensiva, aquela que age em misericórdia e alcança a misericórdia;

4. Cheia de misericórdia, vive uma vida dentro de um contexto entendendo que não é perfeito e que ninguém é;

5. Produz bons frutos. A Bíblia diz que nós somos árvores frutíferas, que não alimenta a si próprio, mas quanto mais alimenta os outros, mais é alimentado. Se você não dá frutos, você tem produzido folhas e folha só nutre a si próprio ou serve para fazer chá, enquanto o fruto alimenta.

6. Imparcialidade. Para agir com sensatez é essencial anular a ansiedade e aumentar o pensamento estratégico. Exige também intuição.

7. Sinceridade, que quer dizer, sem cera, aquilo que não tem brilho, aquilo que está fosco. Seja verdadeiro. Quando você fala a verdade sem honra, na verdade, você não é sincero, você é sem educação. Seja empático e honroso quando for falar algo, por mais verdade que seja, use palavras de gentileza e sabedoria.

Andar com a sabedoria é andar entendendo que não é a velocidade, é a direção. Construa da forma certa, construa uma base estruturada. Deus só pode confiar coisas valiosas, em uma casa feita da forma correta. Que Cristo seja o centro da sua vida, antes de fazer, apresente a Ele. Comece a agir perguntando: como o Senhor Jesus agiria nessa situação? Será que Ele seria tão rude quanto eu? Será que Ele seria tão incompreensível como eu?

A partir do momento que você corrigir isso, Deus vai te entregar esse algo valioso, as pessoas irão sentir prazer de estar dentro dessa casa junto com você, pois, ali é uma casa de alegria, de sensatez, de sabedoria, onde o Espírito Santo habita.

No trajeto, Deus vai te escolher para fazer tarefas completamente contrárias a sua natureza, não porquê é capaz, mas, porquê Ele quer tratar algo no seu interior. Antes de chegar lá em cima você vai deixar de ser vulnerável e se tornar forte, estável, para instruir e ajudar pessoas a chegar aonde você está.

O seu papel não deve ser o de questionar, mas acreditar que toda ordem divina tem um papel fundamental no desempenho do seu propósito.

Ah! Mas eu não estou vendo nada concreto com os meus olhos, faço de tudo e não vejo o resultado.

Tenha uma coisa em mente: "Jesus veio na terra e esperou 33 anos para iniciar o seu ministério e você aí em apenas 10 dias já quer ver os resultados?" Uma construção não é erguida de um dia para o outro, se leva tempo, quanto mais estruturado e grandiosa a obra, mais demorada se torna.

Não se apegue ao que você pode ver, apegue-se a certeza que existe dentro do seu coração, que as coisas estão sendo construídas no mundo espiritual para mais tarde serem realizadas no mundo físico.

Vamos à tarefa:

Quatro passos para você realizar os seus sonhos e alcançar os seus objetivos. Pratique isso hoje!

1. Escreva

Coloque no papel todos os seus sonhos e objetivos. Você não pode realizar tudo de uma vez, lembre-se, viva o simples. Pensando nisso, priorize ações. Organize e então vá para o próximo passo.

_____

_____

_____

_____

_____

_____

_____

_____

2. Mentalize

Pois bem! Pense no seu futuro e mentalize como será, por onde você vai começar, quais recursos vai usar? Como será a fase do desfrute?

3. Fale

Quando você fala sobre o que quer com autoridade, tudo conspira para isso acontecer. Se você já decidiu no seu coração, escreveu e mentalizou, declare com autoridade que vai acontecer.

4. Execute

Se você já cumpriu as etapas anteriores, de que forma vai correr para esse futuro? Lembre-se de não agir com ansiedade, faça tudo com calma.

_____

_____

_____

_____

_____

_____

_____

_____

_____

_____

Capítulo 7

SAIBA QUE SEMPRE HAVERÁ ALGUÉM TE OBSERVANDO

Caráter: Segundo o dicionário, trata se de uma formação moral, um conjunto de características e traços relativos à maneira de agir e de reagir, seja em um grupo ou de forma individual.

Personalidade: Distingue características marcantes de uma pessoa. É a sua individualidade. Uma forma única de pensar, sentir e agir.

Ambos são construídos ao longo da vida, baseados na criação, nas experiências, na fé ou naquilo que se acredita.

O comportamento de uma pessoa, sua forma de agir conforme os valores sociais, é a representação do seu caráter, honestidade, confiabilidade, responsabilidade, honra, logo, uma pessoa de caráter não se permite ser levada ou influenciada por uma vantagem pessoal, por exemplo, não há meio termo para uma pessoa de moral, ou se tem caráter ou não tem. A personalidade vai por uma via mais complexa capaz de influenciar toda uma vida, incluindo como enxergamos o mundo e a nós mesmos. A personalidade faz com que pessoas tenham comportamentos diferentes umas das outras, é um traço que pode haver variações e mudanças positivas ou negativas.

Uma pessoa com caráter maduro, independentemente de sua personalidade e como ela sofre alterações ao longo da vida, sempre seguirá a moral e a ética. Ressalto novamente, é imutável.

A questão é: — Quem é você quando não tem ninguém te observando?

Uma vez que temos aqui explicações de uma percepção clara, se algum momento você precisou olhar para os lados para tomar uma atitude, é um ponto de atenção. É um sinal de que se alguém estiver olhando, certamente você não fará, aí que mora o perigo. Por que não faria? Se for algo que fere a sua moral e você estiver buscando manter as aparências, está aí o desvio de caráter. Se ao escolher o programa de TV, precisa levar em consideração se tem outras pessoas perto — alterando assim a decisão de assistir ou não assistir — certamente tal programa não deveria estar sendo visto.

Ah! Mas não se pode medir o caráter de alguém com um exemplo tão bobo! Caráter você tem ou não tem! Não existe o meio termo.

Jesus é um modelo supremo de caráter, devemos imita-lo todos os dias de nossa vida. Foi um ser incontestável. Paulo aconselhou os filipenses dizendo:

"Haja em vós o mesmo sentimento que houve também em Cristo Jesus." Filipenses 2:5

O próprio Cristo declarou:

"Porque eu vos dei o exemplo, para que, como eu vos fiz, façais vós também." João 13:15

Capacitados pelo Espírito Santo, somos capacitados também a seguir seu exemplo, de modo que nossas vidas reflitam o caráter de Cristo. Ainda, que ao seu redor ninguém esteja te vendo, você está sendo visto. Acredite!

Por outro lado, agindo sempre com um caráter incontestável, como Cristo o fez, o mesmo Deus que é justo, também é amor. Age com justiça com os que se desviam da verdade, mas, dá amor ao justo de coração, nada é capaz de fugir do seu olhar! Se você já se sentiu humilhado ou injustiçado, descanse. O lugar que Deus vai te dar dupla honra é no mesmo lugar da sua vergonha. Quando for humilhado em algum lugar, não saia de lá subitamente, não saia de lá com vergonha. Fique lá até o fim, aguente só mais um pouquinho. Esse é o único lugar que Deus vai te exaltar.

"Deus justo, que sondas a mente e o coração dos homens, dá fim à maldade dos ímpios e ao justo dá segurança." Salmos 7:9

VESTES NOVAS

Saiba que desde a fundação do mundo você é empreendedor (a). O primeiro passo fundamental para a evolução de uma empresa é dedicação, o segundo é investimento e o terceiro é pessoas!

Supondo que você seja uma empresa, o primeiro e principal pilar a ser seguido é: Dedique tempo a cuidar de quem você é, a revelar os seus valores e manter o amor-próprio. Cuide da sua beleza, trate-se com carinho, esteja sempre bem-vestido, limpo e cheiroso, pois, isso reflete diretamente em como você será visto e lembrado.

Você sabia que para quem não te conhece, a sua imagem equivale a 90% do conceito que ela forma sobre você e só o que você diz representa os 10% restante? Invista em ti, cuide-se e valorize-se! Se você não se amar, ninguém vai!

> *"Então mandou Faraó chamar a José, e o fizeram sair logo do cárcere; e barbeou-se e mudou as suas roupas e apresentou-se a Faraó."* Gênesis 41:14

Quando José estava preso e o Faraó soube que havia alguém lá que poderia revelar seus sonhos, mandou que o trouxessem, mas, ninguém poderia se apresentar ao Rei de qualquer jeito. José era um escravo, para agravar a situação estava preso. Mas você não é escravo, você é livre, a sua missão é andar como tal todos os dias, expressando a sua liberdade como filho de Deus.

> *"E tirou Faraó o anel da sua mão, e o pôs na mão de José, e o fez vestir de roupas de linho fino, e pôs um colar de ouro no seu pescoço."* Gênesis 41:42

Em dois momentos bem próximos a Bíblia nos relata duas trocas de roupas em José, algo incomum para a posição que ele ocupava. Porém temos duas situações marcantes, uma quando o Faraó teve esperança de que José poderia lhe ajudar, isso é um ato de confiança, José ganhou uma patente naquele instante. E a segunda quando lhe fez vestir roupas de linho fino e colocou um anel em seus dedos, símbolo de autoridade. Quem vestia roupas de linho naquela época e possuía um anel eram pessoas muito relevantes.

O texto nos mostra claramente, que toda vez que o homem é promovido, tem que trocar as vestes.

As vestes que você usava não te servem mais, você precisa de vestes novas que representem cada nova fase da sua vida. As vestes velhas não fazem mais parte do seu novo eu. Assim como para entrar na terra prometida precisa antes deixar os costumes do Egito, que são os comportamentos que não condizem mais com o novo eu, na aparência não é diferente.

Dia após dia, na minha trajetória como empresária no ramo da moda e *Personal Stylist*, descobri que a forma que uma pessoa se veste pode abrir portas, mas também pode fechá-las, e mais profundo que isso tem sido ver todos os dias, meus clientes passarem por uma transformação e ela não ser só externa, é uma mudança que vem de fora para dentro e de dentro para fora. E quando me perguntam: fale sobre o seu negócio eu respondo "NÃO É SOBRE ROUPAS, É SOBRE PESSOAS," sobre quem você é, onde você está e quem você quer se tornar!

Mas a regra é clara, muda dentro, muda fora!

PARTE FINAL

Cada vez que uma missão lhe é confiada, e você cumpre sem duvidar, uma mensagem divina é enviada para te certificar que você está no caminho certo. Uma missão normalmente vem acompanhada de muitos desafios, mas seja forte e corajoso(a), e considere, que se algo te foi revelado para ser feito, é porque é capaz de executar.

Nenhuma missão é dada para quem não tem capacidade. Se a visão veio para você, é porque você tem autonomia e autoridade para fazer acontecer. Não fique esperando Deus sussurrar ao seu ouvido tudo que você deve fazer, na terra Ele já deixou armas, estratégias e conhecimento que te ajuda a avançar. Se Ele te escolheu, é porque confia em você.

Aprenda identificar as provações como degraus para estar mais perto de Deus e quanto mais perto você estiver, com mais agilidade você conquista seus objetivos, não porque Deus fica responsável por te fazer chegar lá, mas, porquê você passa a compreender o favor, você faz a sua parte com convicção e Deus te impulsiona. Com tantas experiências e desafios acumulados na bagagem chamada vida, você passa a considerar desafios como uma graça concedida e não como um castigo, a passagem que diz que "a quem mais é dado, mais é cobrado" passa a fazer cada vez mais sentido, e isso não é mais um peso.

Uma paz tão grande invade a sua alma, você se torna cada vez mais capaz de ver o futuro com tanta clareza, é capaz de ouvir a voz de Deus de uma forma tão nítida e você não duvida de mais nada.

As vozes negativas ao seu redor estão no mudo, quando elas falam, tudo que você consegue notar são bocas abrindo e fechando, mas isso já nem tem mais relevância, você passou a entender que desempenha um papel importante no mundo, que os seus dons e habilidades foram desenvolvidos em prol de um grande propósito, e você se agarra a isso com tanta força, não por ser o melhor, mas por se sentir amado, escolhido para uma grande obra. Hoje, segura a corda e em nenhum momento passa pela sua cabeça em desistir. Sente no seu coração uma chama ardente que não se apaga, o fogo

arde cada vez mais forte, você considera Deus como seu Pai, como seu melhor amigo e isso basta. A sua vida é então acompanhada pela prosperidade, não precisa correr atrás das bênçãos, elas te alcançam. A sua família, é um molde, um espelho para quem olha. As pessoas perguntam dia após dia:
— Como eu faço para ter o que você tem? E elas vêm até você automaticamente, com o pensamento no ter, mas quando se aproximam elas percebem que não é sobre ter e sim sobre SER. Isso é muito forte.

Pessoas são transformadas radicalmente através da sua vida, através das suas ações e resultados, se torna impossível não transbordar, é um fluir tão grande que vai contagiando todo mundo a sua volta. Você não cessa de transbordar, entendeu que o transbordo é um acesso para o reino, além disso, entendeu como trazer multidões para o reino, então sente o tempo todo Deus sorrindo e dizendo para você:

"Filha(o), como você é amada(o)."

Você é uma filha(o) amada(o)!

ANOTAÇÕES

QUEBRA DE SIGILO

A CAVERNA

Na antiguidade, as cavernas desempenhavam vários papéis, oferecendo refúgio em tempos de conflito, abrigo contra as inclemências do clima e até mesmo um local para alívio durante trajetos. Elas também foram utilizadas por leprosos, marginalizados e excluídos da convivência social. Nesse contexto, surge a história de Davi, uma figura marcante nas narrativas bíblicas.

Vamos retroceder um pouco na cronologia para entender o cenário. Em uma época em que os reis ainda não existiam, Jesus era reconhecido como o Rei dos Reis, e juízes, como Samuel, desempenhavam o papel de governantes, orientados pelas diretrizes determinadas. Contudo, em um momento de descontentamento, o povo, desviando-se da vontade de Deus, clamou por um rei terreno. Essa transição não se alinhava com o plano. Embora um rei pudesse trazer maior organização, também acarretaria conflitos, tributos, e uma estrutura que, eventualmente, poderia oprimir o povo. Saul foi escolhido como o primeiro rei, mas ao longo do tempo, desviou-se das leis, trazendo consequências para si e para a nação.

Vendo a necessidade de uma liderança segundo o Seu coração, Deus dirigiu Samuel a consagrar Davi como o novo rei de Israel. Após ser ungido como novo rei, Davi experimentou um caminho desafiador. Sua jornada rumo ao palácio começou de maneira inusitada: como músico na corte do rei Saul. A harpa de Davi era mais do que um instrumento musical; ela se tornou uma ferramenta para acalmar o espírito atormentado de Saul. Davi, com sua habilidade de tocar e sua presença humilde, ganhou o favor do rei. No entanto, à medida que Davi crescia em popularidade e conquistava vitórias militares, a relação entre os dois começou a se deteriorar. O sucesso de Davi despertou inveja e insegurança em Saul, levando-o a ceder à tentação da paranoia. Saul, influenciado por um espírito maligno, começou a ver Davi como uma ameaça à sua dinastia, e a alegria que trazia à corte tornou-se um lembrete constante de sua própria decadência espiritual. Essa inveja transformou-se em perseguição, e Saul tentou matá-lo em várias ocasiões.

O episódio que culminou na fuga de Davi para a caverna é emblemático desse conflito. Com a situação intensificando-se, Davi viu-se forçado a escapar da ira de Saul e buscar refúgio nas cavernas da região de En-Gedi. Essas grutas, outrora lugares de proteção, tornaram-se o abrigo de Davi contra as investidas do rei enlouquecido.

A caverna não representava apenas um esconderijo físico, mas também um cenário simbólico de provação e preparação. Enquanto enfrentava as adversidades e perigos, Davi aprimorava sua confiança em Deus e desenvolvia as habilidades de liderança que o prepariam para seu reinado futuro.

Dentro da caverna, Davi, inicialmente um fugitivo, tornou-se um líder resiliente e confiante. Deus, que guiava cada passo de sua jornada, moldava Davi na obscuridade da caverna, preparando-o para o papel que desempenharia como um dos maiores reis de Israel. Essa fase desafiadora da vida de Davi é uma lição de como os lugares de obscuridade podem ser transformados em espaços de crescimento, aprendizado e preparação para o propósito. Essa era a "caverna de Davi."

Em outro caso, a "caverna de Elias" encapsula um estado de fuga diante do chamado e das responsabilidades, muitas vezes caracterizado por um desejo intenso de se esconder. Esta afirmação tem suas raízes na narrativa bíblica de Elias, um profeta corajoso que, após enfrentar intensos desafios, busca refúgio em uma caverna, buscando alívio das pressões de seu propósito.

Na realidade, Elias buscou esse refúgio por conta do comportamento de Jezabel, uma figura bíblica que se destaca pela manipulação e controle, seu nome significa: "Onde está o seu marido?" E você já entenderá por quê. Jezabel, era uma princesa e filha de Etbaal, rei dos sidônios. Sua influência foi marcada por persuadir seu marido Acabe a adorar o deus Baal, levando-o a promover o culto a deuses pagãos em Israel, como registrado em 1 Reis 21:25-26. Não contente apenas em introduzir a adoração a Baal, Jezabel sustentou 850 profetas dedicados a esses deuses, envolvendo-se em rituais que provocaram a ira de Deus, como descrito em 1 Reis 18:18-19.

Além disso, a trajetória de Jezabel tomou um rumo mais sombrio ao tentar erradicar aqueles que permaneciam fiéis a Deus. Ela ordenou a execução de todos os profetas do Senhor, resultando na morte da maioria deles, como mencionado em 1 Reis 18:4. Esse ato cruel desencadeou não apenas uma perseguição aos servos de Deus, mas também provocou a intervenção divina para restaurar a justiça. Durante essa época, a voz de Acabe passou a não ser ouvida, era Jezabel quem tomava todas as decisões. Sua liderança levou não apenas seu marido, mas também muitos em Israel a se afastarem dos caminhos do Senhor. Ela era conhecida por sua astúcia, frequentemente manipulava e influenciava outros para atingir seus objetivos, muitas vezes de maneira destrutiva.

Elias, após uma grande vitória sobre os profetas de Baal, enfrenta a perseguição de Jezabel. Consumido pelo medo e pela exaustão, ele busca abrigo na caverna do Monte Horebe. Deus, em Sua misericórdia, não o condena, mas em vez disso, o encontra na caverna e o renova, recordando-lhe de sua missão.

Essa é a "caverna de Elias" que ressoa em muitos aspectos da vida cotidiana. Em vez de confrontar desafios e propósitos, alguns optam por se esconder. Este refúgio, entretanto, deve ser temporário pois não oferece a solução genuína para as demandas divinas sobre a vida de uma pessoa. Assim como Deus confrontou Elias em sua caverna, Ele também nos chama a sair de nossos esconderijos e enfrentar os desafios e responsabilidades com coragem e confiança em Sua orientação. A "caverna de Elias" é um alerta para que busquemos a verdadeira renovação, em vez de nos escondermos de nossos propósitos e responsabilidades.

Em resumo, simboliza a fuga do chamado, enquanto a referência ao comportamento de Jezabel destaca a potencial armadilha de adotar estratégias manipulativas para evitar enfrentar as situações difíceis da vida. Ambos os conceitos alertam para a importância de encarar os desafios, em vez de se esconder, buscando um caminho mais turbulento, porém recompensador.

Trazendo para a realidade, farei uma pausa com uma analogia para sua melhor compreensão. Conheci a história de um casal que no exemplo chamaremos de Sophia e Daniel.

Sophia e Daniel eram um casal que sempre enfrentou desafios juntos, mas um evento inesperado abalou a estabilidade de seu relacionamento. Daniel perdeu o emprego de longa data devido a mudanças na empresa em que trabalhava, deixando a família em uma situação financeira delicada. A pressão financeira começou a afetar a dinâmica do casal, levando a discussões frequentes sobre dinheiro e planos para o futuro. Sophia, que já estava sobrecarregada com suas responsabilidades no trabalho e em casa, começou a se sentir isolada emocionalmente, passou a tomar todas as decisões referentes ao lar e conduzir a vida como achava necessário e dar a palavra final em assunto que normalmente o casal discutiria juntos, enquanto Daniel mergulhava em sua busca por um novo emprego. As tensões aumentavam, e a comunicação entre eles se tornava cada vez mais difícil. Ambos estavam lidando com o estresse de maneiras diferentes, o que criou uma lacuna emocional entre eles.

Nesse período turbulento, em vez de enfrentarem juntos os desafios, começaram a se distanciar. A turbulência financeira e emocional testou a força de seu casamento. No entanto, ao longo da situação, eles perceberam estar em um desnível em que Sophia estava assumindo responsabilidades que não competem a mulher dentro do casamento, agindo muitas vezes com empáfia e passando por cima das decisões do marido e Daniel inerte a ações que deveria ter, assumindo um papel contrário a natureza de sacerdote do lar. Analisando a história de Jezabel, ambos entenderam o ajuste a ser feito, a importância de se apoiarem mutuamente, comunicarem suas preocupações e trabalharem em unidade para superar os obstáculos e vencer situações desafiadoras. A jornada difícil de superação e ajuste fortaleceu o vínculo entre eles, ensinando que, mesmo nas turbulências, o amor e o apoio mútuo podem ser o motivo que mantém um casamento sólido.

Quando se fala em "espírito de Jezabel", refere-se ao espírito que age através da vida dela e influencia outras pessoas a agirem de forma padronizada. Esse demônio é autoritário, irreverente, independente, soberbo. Vale ressaltar que não apenas mulheres podem ser afetadas por esse espírito, pois homens também podem manifestar comportamentos associados a esse mal.

Ser "Jezabel" está relacionado a um comportamento manipulador e controlador. Reflete um estado de egoísmo exacerbado, onde a busca por interesses pessoais prevalece sobre a consideração pelo bem-estar dos outros. Essa postura envolve estratégias enganosas e destrutivas para atingir objetivos, sem considerar o impacto negativo nos demais.

Diante desses exemplos, qual foi o contexto que te fez buscar refúgio na caverna? A caverna não é apenas um espaço físico, mas uma condição emocional de fuga, medo, esconderijo e segredos. Saiba que Deus entende o seu momento, assim como fez com Elias, Ele envia a providência, alimentação e renovo. No entanto, é crucial que você compreenda que a caverna é uma passagem, um tempo de aprendizagem, descanso e renovação espiritual e emocional para que você retorne ainda mais forte.

Está pronto para sair da caverna? Não é mais hora de viver escondido, de manter sigilo daquilo que Deus te chamou para fazer, pelo contrário, é o momento de quebrar os sigilos, de trazer à tona todos os segredos que guardou até aqui, de se curar entregar ao mundo a mensagem que Deus plantou em você. Vamos lá? Sua cura já começou, e você só precisa continuar, mesmo que seja doloroso.

A maneira como você pensa, sente, age ou fala releva as intenções e os traumas que carrega, afinal, "O que você carrega dentro, reflete por fora." Neste momento, em uma era de amplo conhecimento, o comportamento, a saúde e os olhos tornaram-se o espelho da alma.

Muitas pessoas conduzem suas vidas guardando segredos familiares, de relacionamentos, religiosos, abusos e traumas, criando um terreno propício para o desenvolvimento de doenças emocionais e feridas na alma que se manifestam no corpo.

A CURA QUE VOCÊ PROCURA ESTÁ POR TRÁS DOS SEGREDOS QUE VOCÊ NÃO CONTA, POR MEDO OU POR VERGONHA. Esta afirmação serve como um convite à reflexão profunda sobre as toxinas emocionais que, como sombras, obscurecem a verdadeira essência do ser.

Imagine-se como um livro, cada capítulo contendo os segredos não revelados. Esses segredos, frequentemente guardados nas páginas do coração, atuam como barreiras que impedem a cura emocional, como se escondêssemos as páginas manchadas da nossa história, temendo julgamentos externos.

Ao confrontarmos esses segredos, revelamos não apenas as cicatrizes emocionais, mas também as oportunidades de crescimento e cura. A expressão honesta desses segredos é a chave para desarmar as toxinas que minam a autoaceitação e a realização do nosso potencial. Enfrentar essas verdades é um passo corajoso em direção à libertação e ao renascimento emocional.

Enquanto caminhamos por essa jornada emocional, pense nos segredos como pedras no caminho. Às vezes, essas pedras parecem pesadas demais para carregar, mas ao enfrentá-las, descobrimos que cada uma contém uma lição valiosa. Afinal, é nos segredos revelados que encontramos a chave para a libertação e a cura profunda da alma.

SIGILOS DA ALMA

"Sigilos da Alma, Detox Emocional" é uma obra que mergulha nas complexidades das toxinas emocionais e assim como um jardim precisa ser livre de ervas daninhas para florescer plenamente, nossa alma também requer um processo de desintoxicação emocional para alcançar seu verdadeiro potencial.

Na primeira parte, explorei as diversas formas dessas toxinas, desde as sementes do medo até as raízes da autossabotagem, destacando como esses elementos podem ser verdadeiros obstáculos ao florescimento do nosso potencial de vida. Ao iniciarmos a segunda parte, imagine que estamos trilhando um caminho, desvendando os segredos que, de certa forma, aprisionam a alma. Essa jornada é como um rio profundo, onde cada onda é uma correnteza que nos leva a descobertas mais profundas sobre nós mesmos. Forneceremos ferramentas práticas, como botes emocionais, para navegar nessas águas em direção à libertação emocional.

Imagine-se agora em um bosque escuro, simbolizando os desafios emocionais, e este livro é uma lanterna que ilumina o caminho, revelando não apenas as sombras, mas também os raios de luz que existem dentro de você. Ao desvendar esses mistérios, você estará capacitado a criar uma narrativa de vida mais autêntica e plena, cultivando um jardim emocional que floresce com propósito. Os segredos são como fechaduras escondidas na caverna da alma, guardando narrativas e emoções não reveladas. Representam capítulos não escritos, muitas vezes mantidos por medo, vergonha ou incerteza sobre seu impacto. Esses segredos, quando ocultos, tornam-se pesos invisíveis que impactam nosso bem-estar emocional, criando um distanciamento entre nós e os outros. A quebra desses sigilos exige coragem para confrontar vulnerabilidades e permitir que a luz da verdade alcance as áreas mais íntimas de nossa existência. Revelar esses segredos é um ato de libertação, abrindo caminho para a cura emocional. É uma corajosa jornada individual que possibilita construir relacionamentos mais profundos, onde a aceitação e compreensão mútuas podem florescer.

LIBERTO DAS ALGEMAS

A quebra de sigilos é uma jornada corajosa em direção à libertação emocional, onde os segredos que há muito tempo aprisionam a mente são desvendados. Esses segredos, como cadeados ocultos, têm o poder de gerar não apenas um peso na alma, mas também manifestações físicas que se traduzem em doenças no corpo.

Anos de silêncio forçado sobre experiências dolorosas podem criar um terreno fértil para o desenvolvimento de condições de saúde, tornando-se um fardo tanto emocional quanto físico. A mente, quando sobrecarregada por segredos não revelados, pode desencadear um impacto direto sobre o corpo, manifestando-se em formas variadas de doenças, desde problemas psicossomáticos até condições mais graves.

Quebrar o sigilo não é apenas um ato de confissão, mas um passo vital em direção à cura. Ao liberar os segredos que carregamos, não apenas aliviamos a carga emocional, mas também proporcionamos ao corpo a oportunidade de se curar. O vínculo entre a mente e o corpo destaca a importância de enfrentar esses segredos, pois a negação prolongada pode, de fato, levar a um estado de desequilíbrio, contribuindo para o desenvolvimento de doenças crônicas. Assim, não é apenas um ato de coragem pessoal, mas também um investimento na própria saúde, uma busca por um equilíbrio entre mente e corpo que é crucial para evitar as sombras que levam a um caminho potencialmente prejudicial, inclusive à morte.

Enfrentar esses segredos é abrir as janelas da alma para a luz da cura, desbloqueando não apenas a mente, mas também permitindo que o corpo se cure.

EQUILÍBRIO

Mente, alma, corpo e espírito trabalham juntos; a interconexão entre esses quatro elementos é um elo poderoso que molda a experiência humana de maneira integral, influenciando nossa saúde física, emocional e espiritual. A mente é o epicentro de nossa consciência e pensamentos. Ela processa informações, cria percepções e molda a nossa visão de mundo. A saúde mental está ligada ao equilíbrio emocional, à clareza de pensamento e à capacidade de enfrentar desafios com resiliência.

A alma é considerada o cerne da nossa individualidade e propósito de vida. Ela abraça nossas emoções mais profundas, conexões interpessoais e anseios espirituais. O corpo é o templo que abriga nossa existência terrena, sua saúde está vinculada a uma alimentação equilibrada, exercícios físicos, descanso adequado e autocuidado. Uma atenção abrangente ao corpo não apenas promove uma vida saudável, mas também afeta positivamente a mente e a alma.

Já o espírito é a essência que conecta o ser humano a Deus. O espírito é a parte em nós que reconhece Deus. Por exemplo, a criatividade, definida como a capacidade de criar ou inventar, não é atribuída aos cachorros. Eles podem experimentar emoções, ou seja, não são seres espirituais, mas são seres almáticos. Em contraste, o ser humano é considerado um ser espiritual devido à sua capacidade criativa.

O espírito é a consciência de Deus em nós, uma realidade que se aplica tanto ao crente, aquele que crê, quanto ao não crente, aquele que não crê e não acredita. A distinção entre eles reside no fato de que o crente aceita e reconhece essa dimensão espiritual, enquanto o não crente muitas vezes busca justificar as experiências espirituais por meio da ciência, biologia ou física.

Um exemplo ilustrativo seria deixar um cachorro e uma cachorra em uma selva e retornar após cem anos. Ao voltar, a selva estaria povoada por uma nova geração de cachorros. Embora os cachorros possam experimentar dor e emoções, lhes falta a criatividade que vem do espírito para construir algo novo. Agora, considere deixar um homem e uma mulher na mesma selva e retornar após cem anos. Além da selva estar povoada, haverá uma cidade construída, veículos no ar, na terra e na água. Essa capacidade criativa, exemplificada pelo desenvolvimento humano ao longo do tempo é a expressão da natureza criativa de Deus, destacando a capacidade humana única de criar, inovar e transformar o ambiente ao seu redor, em um processo de reflexo da imagem de Deus no ser humano.

Através do Espírito, somos capazes de criações inimagináveis, mas é a alma que traz a impulsão necessária para manifestar essas criações na existência terrena. Você pode estar se perguntando: - Por que a alma é a força motriz por trás da realização dos feitos que criamos no espírito? Porque a alma que empresta vida e vitalidade aos projetos, pois são os sentimentos que servem como catalisadores, impulsionando ou impedindo o caminho da concretização.

Aqui estamos falando de sentimentos; por exemplo, a empolgação infunde energia, a alegria alimenta a perseverança, o anseio conduz à busca incessante, e o amor é a chama ardente. Ao mesmo tempo, o medo pode ser um freio, e o ódio, uma sombra que impede a evolução do propósito. Assim, é na interseção entre o espírito e a alma, que nascem as realizações verdadeiramente extraordinárias.

Para expressar de forma mais clara: Pessoas com grandes promessas de Deus, para propósitos e grandes feitos, recebem a revelação desse chamado em algum momento da vida. Essa revelação é algo que ainda não existe de forma concreta, e para dar vida a essa revelação espiritual e viver essas promessas, é preciso construir essa realidade. São os seus sentimentos e o seu empenho na construção desse projeto que irão ditar o sucesso dos planos que Deus criou para você. Em outras palavras, Deus cria o seu futuro, e você, com os sentimentos e a saúde emocional que nutre, constrói a sua realidade. (Minutos de silêncio)

Quer dizer, então, que eu construo a minha realidade de vida a partir do equilíbrio emocional que tenho? A resposta é SIM. Creia, existe um plano melhor do que os seus planos, existe uma vida melhor do que a sua vida. No entanto, lembre-se de continuar sendo grato pela sua realidade atual, mas que isso não te impeça de trazer à existência o melhor de Deus para sua vida.

ENTENDENDO OS SIGILOS DA ALMA

Entendendo que a alma é o lugar onde ficam armazenadas nossas emoções e o impacto que tem na realização de nossos atos diários, devemos compreender a importância de expor tais sentimentos. Nesse contexto, expor é quando você apresenta algo ao público, como em uma exibição de obras de arte, produtos ou informações em um local específico. Além disso, o termo pode descrever a condição de ser revelado ou exposto, muitas vezes relacionado a situações em que algo que estava oculto torna-se visível ou conhecido.

Também pode ser usado para expressar vulnerabilidade, seja emocionalmente ou de outra forma. A questão é que, quando algo é guardado em sua alma, o centro das emoções, significa que está guardado porque esse algo te constrange ou envergonha, não é mesmo? Ninguém teria por que esconder algo se não fosse constrangedor, concorda? Normalmente, quando algo tende a nos alegrar, trazer algum benefício ou impulsionar, temos prazer em compartilhar, contar alegremente e até gritar aos quatro ventos, comportamento normal para o ser humano.

Por outro lado, quem gostaria de expor um constrangimento, por exemplo, supondo que você comeu uma comida que não lhe caiu bem e te dou uma dor de barriga de sujar as calças. Você tem vergonha de expor que isso lhe aconteceu ou não? Normalmente, para pessoas reservadas, resolveria tudo bem escondido para que não gerasse comentários ou risadas. Já para os mais brincalhões, seria motivo de muitos risos, como no caso do meu irmão durante um passeio no shopping. Ele teve dores na barriga, estando longe do banheiro, acabou soltando um pouquinho na roupa. Chegando lá, ainda estava sem papel higiênico, sem saída se limpou com a cueca e a jogou no lixo. Saiu de lá rindo e contando para todos o que lhe havia acontecido (risos). Foi muito engraçado para todos que ouviram, mas a maioria das pessoas que se divertiram declararam não ter coragem de se expor em uma situação semelhante. Veja como perfis comportamentais são diferentes. Uma pessoa que tenha coragem de se expor nesse caso talvez não tenha coragem de expor um sentimento de amor, por exemplo. Alguém que demonstre alegria o tempo todo pode estar escondendo os motivos que tem para chorar e vice-versa.

Pessoas são diferentes uma das outras, mas a pergunta que quero lhe fazer é: O que você esconde porque lhe constrange? Geralmente são segredos intensos, de grande amor ou grande ódio, por exemplo. Mas quero te dizer algo: No sigilo da alma que você esconde, ali reside a sua cura. Nos segredos ocultos que você não expõe, é nisso que está a sua liberdade. Vulnerabilidade não mata, mas os sentimentos ocultos sim, podem te matar.

Você sabia que uma das doenças que mais mata hoje em dia pode ser fruto de dores emocionais? Imagine uma situação em que uma pessoa morreu de tristeza; você considera possível? Sim? Não? Eu digo: Talvez, mas vamos seguir um raciocínio: Uma pessoa triste tende a ter distúrbios alimentares. Em alguns casos, ela come mais, desenvolvendo compulsão alimentar, e em outros casos, come menos, podendo desenvolver bulimia ou anorexia. Tais alterações alimentares podem desencadear outros distúrbios, como obesidade, que gera outros problemas de saúde como diabetes, gastrite, úlcera, infecções, cefaleia, dentre outras doenças psicossomáticas que geram outros problemas mais graves. Tais problemas levam a evoluções graves de quadros clínicos, resultando em morte. Pergunto: No atestado de óbito estará registrado: Opção 1: Agravamento clínico decorrente de Tristeza; Opção 2: Sepse decorrente de neoplasia gastrointestinal. Qual opção você escolhe? Deixando claro que não sou especialista da área, mas busco exemplificar que segredos que você guarda por constrangimento ou vergonha podem, uma hora ou outra, te levar a desenvolver doenças sem que você perceba de onde vem. São doenças que além de psicossomáticas, como já comprovadas que existem, trata-se de doenças espirituais, mas como isso? Uma vida espiritual saudável permite que você viva em plenitude de corpo, alma e espírito; é um conjunto, como falamos há pouco no início da parte dois. Por outro lado, uma vida espiritual desregulada não permite o fluir de uma boa saúde.

Vamos a um novo exemplo: em Gálatas 5:22, está escrito: "Mas o fruto do Espírito é caridade, alegria, paz, longanimidade, benignidade, bondade, fé, mansidão, temperança." Considerando que emoção é uma reação imediata a um estímulo, algo que mexe com você e que não envolve pensamento, e o sentimento envolve um alto grau de componente cognitivo, de percepção e avaliação de algo, assertivamente emoção é reação, enquanto que sentimento é construção. Logo, concluímos que os frutos do Espírito se trata de sentimentos, os mesmos sentimentos de Cristo, sendo cada um deles classificado assim:

AMOR: Representa um amor incondicional, altruísta e dedicado aos outros, independentemente das circunstâncias.

ALEGRIA: Refere-se a uma alegria profunda e duradoura, independentemente das condições externas, resultante da fé e da conexão com Deus.

PAZ: Denota uma tranquilidade interior, harmonia e ausência de conflitos, oriundos da confiança e da fé em Deus.

LONGANIMIDADE (PACIÊNCIA): Representa uma paciência duradoura e resistente em face de adversidades, expressando a capacidade de suportar dificuldades com calma.

BENIGNIDADE (BONDADE): Refere-se a uma gentileza e bondade inerentes, expressas através de atos benevolentes em direção aos outros.

BONDADE: Envolvendo uma disposição natural para fazer o bem, é uma qualidade que se manifesta em ações benevolentes em relação aos outros.

FÉ (FIDELIDADE): Indica uma confiança profunda e inabalável em Deus, refletida em uma vida de fidelidade e integridade.

MANSIDÃO: Representa uma atitude de humildade, suavidade e submissão à vontade de Deus, independente das circunstâncias.

TEMPERANÇA (DOMÍNIO PRÓPRIO): Envolve a capacidade de exercer autocontrole, moderação e disciplina em todas as áreas da vida.

Como estávamos dando exemplo de saúde, vamos seguir nele para completar o raciocínio. Então, se uma pessoa não consegue controlar o que come devido a impulsos alimentares, dependência de coca-cola (algo muito comum), forte impulso por doces, logo esse é a falta de um dos frutos do Espírito, o domínio próprio. Essa mesma pessoa não tem longanimidade. Sabe por quê? Porque é uma pessoa ansiosa, e pessoas ansiosas não gostam de esperar, ou seja, falta de paciência. Em seguida, a mansidão dela está comprometida; a ansiedade também a deixa nervosa. É uma pessoa geradora de conflitos. Se alguém tomar o refrigerante dela, sai de baixo porque o tempo fecha. Logo, ela não tem paz com quem convive e faz com que as pessoas ao redor percam a paz. A alegria já não é um sentimento comum, perde a referência do que é o amor, a benignidade, cadê? Fé? Ah, sem essa é impossível agradar a Deus. Onde foi parar o sentimento de Cristo amados? Percebe que essa é uma linha muito tênue e que não é possível dizer que se tem dois ou três frutos do Espírito e está tentando desenvolver os demais?

A bíblia é muito clara na instrução: "Eu conheço as tuas obras, que nem és frio nem quente; quem dera fosses frio ou quente! Assim, porque és morno, e nem és frio nem quente, vomitar-te-ei da minha boca." (Ap 3: 15,16). Traduzindo: Se for para fazer algo, faça bem-feito, meia boca não serve. Quer ter uma vida espiritual saudável? Busque desenvolver todos os dons com excelência, assuma a responsabilidade, assuma o risco de seguir o caráter de Cristo. Você terá uma vida bem-sucedida, uma boa saúde e performance no corpo, sentimentos puros e emoções curadas, ou seja, seus instintos reativos serão completamente saudáveis. Você consegue entender o poder desse aprendizado? Será que você é capaz de viver o extraordinário? Aliás, o exponencial, o extraordinário estão reservados verdadeiramente para quem coloca a mão no arado, para quem se dispõe viver o processo de cura.

Imagine que você comprou uma casa, mas esta ainda está ocupada com os móveis do antigo morador. Qual seria sua reação? Deixaria tudo lá pela ansiedade de se mudar logo para a casa nova, sem se importar se está limpa ou suja? Ou esperaria que o antigo morador tirasse todos os objetos de uso pessoal e, em seguida, faria uma boa limpeza e até uma reforma para que tudo ficasse com o seu jeitinho? Imagino eu que ficaria com a segunda opção, limpando tudo e reformando a seu gosto. Se essa não for a opção escolhida, sugiro começar a trabalhar a ansiedade e se livrar disso o quanto antes.

Pois é, da mesma forma age o Espírito Santo. Ele não divide a casa com ninguém. Ele não mora onde não há espaço só para Ele. Ahhh, mas Ele é egoísta? Não, Ele só gosta de cada coisa em seu devido lugar. Se é frio, vai para a geladeira; se é quente, vai para o fogo. Se é Dele, é Dele; se indicar que é meio a meio, não serve.

MEDO

"Coragem! Sou eu. Não tenhais medo!' Então Pedro lhe disse: 'Senhor, se és tu, manda-me ir ao teu encontro, caminhando sobre a água.' E Jesus respondeu: 'Vem!' Pedro desceu da barca e

começou a andar sobre a água, em direção a Jesus. Mas, quando sentiu o vento, ficou com medo e começando a afundar, gritou: 'Senhor, salva-me!' Jesus logo estendeu a mão, segurou Pedro, e lhe disse: 'Homem fraco na fé, por que duvidaste?"
Mt 14:27-31

Após o milagre da multiplicação dos pães, Jesus decidiu se retirar para um momento particular com Deus no monte. Enquanto isso, instruiu os discípulos a irem para o mar. No entanto, durante a noite, algo extraordinário aconteceu. Jesus, de longe, observava tudo o que se passava e decidiu se aproximar de seus discípulos. Quando chegou à praia, eles O avistaram, mas algo peculiar aconteceu: sentiram medo. Sim, mesmo sendo pessoas muito próximas a Jesus, que conheciam seus milagres, peculiaridades, e que estiveram com Ele na multiplicação dos pães, o medo ainda se instalou quando O viram de longe. Vale ressaltar que naquela época, durante a noite, a ausência de iluminação tornava difícil identificar detalhes à distância. Mesmo conhecendo Jesus profundamente, os discípulos, na escuridão da noite, viram alguém que não puderam reconhecer imediatamente. Mesmo estando tão próximos, a escuridão obscureceu suas percepções. Contudo, um momento marcante ocorreu quando Jesus falou: "Sou EU." Foi somente nesse instante que os discípulos foram capazes de reconhecê-Lo. Mesmo que 6.
ainda não pudessem vê-Lo claramente, o som de Sua voz foi suficiente para dissipar parte do temor. Entretanto, Pedro, mesmo após ouvir a voz de Jesus, ainda duvidou e pediu um sinal adicional.

Imagine, por um momento, situações em sua vida que despertam medo, mesmo quando não são cenários desconhecidos. Pode ser um lugar que você já tenha atravessado, uma paisagem familiar, mas, estranhamente, na escuridão da noite, o medo se insinua. Por quê? Já passou por isso? Reflita sobre essa história. Lembre-se daquele local que você conhece bem, onde já esteve diversas vezes. Agora, imagine que mesmo na escuridão, na noite mais densa, esse lugar oferece medo, uma sensação incômoda. A escuridão, por si só, pode carregar consigo uma aura de perigo, mas e se houver luz, se for dia, o medo ainda persistiria?

Transponha isso para a história dos discípulos, quando Jesus caminhava sobre as águas. Aquela região não representava perigo para eles; estavam isentos de qualquer mal iminente. Então, por que o medo? Mesmo sem iluminação naquela época, a LUZ DO MUNDO estava presente, como Jesus declarou em João 8:12: "Eu sou a luz do mundo." Não havia motivo para temer.

No entanto, surge o segundo ponto crucial: Pedro, mesmo vendo Jesus, pede uma prova.

> *"Senhor", disse Pedro, "se és tu, manda-me ir ao teu encontro por sobre as águas".* Mt 14:28

Quando a prova está acontecendo, ele começa a afundar. A lição central é clara. O medo não é simplesmente falta de fé, mas sim falta de proximidade. Quando estamos mais próximos de Jesus, é mais fácil reconhecê-Lo e acreditar em Seus feitos. Se Pedro estivesse mais próximo de Jesus, talvez não tivesse afundado. O medo, nesse contexto, é gerado pela ausência de proximidade, e essa ausência, por sua vez, alimenta a dúvida. A dúvida é o verdadeiro sinal de pouca fé. Assim, a analogia se desenha: a presença de Jesus, a Luz do Mundo, dissipa o medo, enquanto a dúvida surge quando nos afastamos d'Ele.

Em nossos dias, "afundar na água" pode ser comparado ao desafio de perder a fé ou a confiança em meio às adversidades da vida. Imagine-se caminhando sobre as águas tumultuadas das circunstâncias, com coragem e fé. No entanto, as ondas da dúvida, do medo ou das dificuldades podem começar a balançar a firmeza que você inicialmente possuía.

"Afundar na água" nos dias de hoje pode ser representativo da sensação de sucumbir diante das pressões da sociedade, do estresse cotidiano, das incertezas financeiras ou dos desafios de relacionamento. É como se a confiança inicial, assim como a de Pedro ao caminhar sobre as águas, fosse abalada pela tempestade da vida. Assim como Pedro começou a afundar quando desviou o olhar do Mestre e focou nas ondas agitadas, nós também podemos nos perder quando perdemos de vista aquilo que é fundamental em nossas vidas, seja a nossa fé, nossos princípios ou nossa conexão com o propósito. A "água" simboliza os elementos incertos e desafiadores da vida, e "afundar" pode representar a perda de perspectiva e esperança. No entanto, assim como Jesus estendeu a mão para salvar Pedro, temos a oportunidade de buscar ajuda, seja através da espiritualidade, do apoio emocional, ou da tomada de decisões conscientes. A coragem não é a ausência de medo, mas sim a decisão de seguir em frente apesar dele. Ao confrontar suas ansiedades, você retira o poder que o medo tenta exercer sobre você.

Outra estratégia poderosa é mudar a narrativa interna. Ao invés de se concentrar no que pode dar errado, foque no que pode dar certo. Visualize o sucesso, imagine os resultados positivos. Isso não apenas diminui o medo, mas também fortalece sua confiança. Além disso, compartilhe seus medos com alguém em quem confie, aliás, é exatamente sobre isso que tratamos aqui, desmistificar os sigilos da alma, trazer a tona os segredos, e nesse caso, verbalizar suas preocupações torna-as menos intimidadoras.

GRITOS DE SOCORRO

- Por favor, não fuja; vamos vencer isso juntos!

- Por que você fez isso comigo?

- Eu te odiei quando você foi embora e me deixou aqui!

- Por que você me traiu?

- Por que eu traí?

- Por que eu te enganei, por que eu me enganei?

- Por que não consigo me livrar dessa tristeza?

- Como faço pra voltar o tempo e me livrar da dor?

Existe um problema para quem está desmoronando, mas continua de pé, mantendo sua rotina, sorrindo, trabalhando, vivendo por fora, mas por dentro está apodrecendo. Quem está ao redor não percebe existir algo errado. As pessoas estão acostumadas a se preocupar ou ver fragilidade apenas em quem chora desesperadamente, se tranca no quarto e fica por dias sem tomar banho ou se relacionar com outras pessoas, quando na realidade também existe um risco eminente em perfis q sofrem em silêncio, gemem por dentro, demonstram calma por fora enquanto passa o furacão Katrina dentro.

Por que a sociedade julga tanto? Já parou para observar que os julgamentos, na maioria das vezes parte de pessoas que não se preocupam com você? Elas não conhecem a sua trajetória, nem ao menos quando ela começou, o que te motivou ou levou ao cenário que vive nesse exato momento.

Uma frase muito usada nas pregações ministradas pelo Pastor Eduardo Campos diz: "Fora da experiência é tudo mera especulação." Mas o Deus que conhece a profundeza das águas é o mesmo que compreende as complexidades mais íntimas da alma humana. Assim como as águas profundas escondem mistérios e tesouros inexplorados, a alma humana também guarda riquezas que vão além do que é visível à superfície.

Existem alimentos e jóias que são retirados do fundo do oceano e comercializados por alto valor. Como exemplo as lulas, polvos, ostras e outras espécies raras. Mas também existem outros animais marinhos perigosos, como o tubarão, que se alimenta desses animais, tornando-os espécies mais difíceis de serem encontradas. Considere o que você tem guardado dentro de si como a sua mercadoria cara, como a espécie rara que será vendida por um alto valor; e os segredos e os sentimentos ruins que você esconde, por medo ou vergonha, aqueles gritos de socorro da alma que são perigosíssimos, como os tubarões, que comem a sua mercadoria de valor. A sua história, os seus medos e traumas são a sua mercadoria de valor, que posteriormente serão vendidas para o consumidor certo, pois esse tipo de mercadoria oferecida no local errado não será reconhecida como tal. Observe se esses tipos de espécies que mencionei são encontrados normalmente na feira de um bairro comum. Ao contrário, serão encontrados com mais facilidade em uma peixaria ou na feira de um bairro nobre, de classe elevada. Use a singularidades dos momentos e da experiência que viveu para construir uma história de valor. Isso só será possível mostrando ao mundo tudo o que viveu, mas não só isso, tudo o que superou. Irei exemplificar de outra maneira para que entenda.

A busca por minérios, como os diamantes, envolve um processo desafiador, muitas vezes comparado a uma verdadeira "caça ao tesouro" na alma da Terra. Ao procurar diamantes, é necessário seguir um conjunto de etapas que envolvem exploração, extração e lapidação, cada uma crucial para a obtenção dessas pedras preciosas.

Antes de iniciar a exploração para encontrar diamantes, é essencial realizar estudos geológicos para identificar áreas propensas a conter esses minerais preciosos. Especialistas buscam por indicadores geológicos, e usam tecnologias avançadas, como levantamentos aéreos e geofísicos, são empregadas para mapear o subsolo em busca de depósitos potenciais. A fase de extração exige técnicas específicas para acessar os depósitos de diamantes. Em muitos casos, minas a céu aberto ou subterrâneas são escavadas. Para escavar o solo, são utilizados equipamentos como escavadeiras, caminhões de mineração e, em alguns casos, explosivos para acessar depósitos mais profundos. A extração cuidadosa é crucial para preservar a integridade dos diamantes e minimizar impactos ambientais. Após a extração, o material bruto passa por um processo de peneiração, no qual os diamantes são separados do restante dos minerais e rochas. Esse processo ajuda a concentrar os diamantes para a próxima fase. Por último, antes de ir para o comércio de jóias, a lapidação é uma etapa fundamental para transformar os diamantes brutos em gemas preciosas. Especialistas em lapidação utilizam técnicas precisas para dar forma, polir e realçar a beleza dos diamantes. Essa arte requer habilidade e experiência para revelar o brilho e o brilho característicos dessas pedras.

Quero dizer que assim como busca por diamantes, encontrar o seu verdadeiro valor também exige alguns processos. Assim como os diamantes são formados sob pressão da rocha, as experiências vividas de forma mais dolorosa estão formando também o seu processo de posicionamento. A busca por preciosidades, sejam minerais ou qualidades interiores, reflete a busca constante por descobertas valiosas que enriquecem nossa compreensão da vida.

A CURA

O termo "cura" pode ter significados diversos dependendo do contexto em que é utilizado. Aqui estão alguns dos significados e conceitos associados à palavra:

Recuperação da Saúde: Envolve o processo de restabelecer o equilíbrio e a integridade do corpo, mente ou espírito após uma doença, lesão ou perturbação.

Tratamento Médico: refere-se ao processo pelo qual uma doença ou condição é tratada e superada. Pode envolver intervenções médicas, medicamentos, terapias ou procedimentos cirúrgicos.

Alívio de Sofrimento Emocional: inclui superar traumas, lidar com questões psicológicas ou encontrar maneiras de promover o bem-estar emocional.

Resolução de Conflitos: restauração de relacionamentos ou comunidades após rupturas ou tensões. Envolve a reconciliação e a promoção da paz.

Transformação e Desenvolvimento Pessoal: Envolve a jornada de autoconhecimento, aceitação e crescimento, superando desafios pessoais e alcançando um estado mais equilibrado e pleno.

Cura Espiritual: à busca por significado, propósito e conexão com alguém além de si mesmo. Envolve o fortalecimento do aspecto espiritual da vida e a busca por transcendência.

Quais são as áreas que você precisa de cura hoje? Qual a prisão que você precisa se libertar hoje? Qual o seu Egito? Trazendo para o nosso contexto, nem sempre o Egito será um espaço físico; pode ser considerado muitas vezes como uma condição emocional que te escraviza, você só não precisa viver uma vida inteira e ver gerações padecendo por esperar um libertador como Moisés foi para os hebreus quando viviam escravizados no Egito; nosso Salvador já veio, Jesus te deu esse benefício de ser livre, a cruz te deu o benefício de ser livre, mas para algo acontecer é preciso que você atravesse o mar da indecisão e avance em direção a terra prometida, em direção a plenitude emocional, financeira e espiritual. Em direção a sua cura.

Recentemente, estive em viagem para conhecer Ilhabela, no litoral de São Paulo. Quem já esteve lá sabe que as únicas formas de acessar a ilha são pela água, de balsa, ou pelo ar, por transporte aéreo. Como meu transporte aéreo não estava lá, (risos), foi necessário que atravessasse de balsa. Enquanto atravessava, pensava na história em que o mar se abriu para os hebreus passarem. Durante a travessia, eu fechava os olhos e imaginava a emoção de um momento como esse (se você não conhece a história, poderá ler no livro de Exôdo).

Chegando ao outro lado, havia várias praias; até parei em algumas, mas meu destino era certo. Eu sabia exatamente em qual das orlas gostaria de passar o dia e mantive o destino fixo, por mais que já tivesse visto a beleza que é IlhaBela.

Agora, pegue esse raciocínio e trace uma linha do tempo trazendo para sua realidade, como no exemplo à seguir:

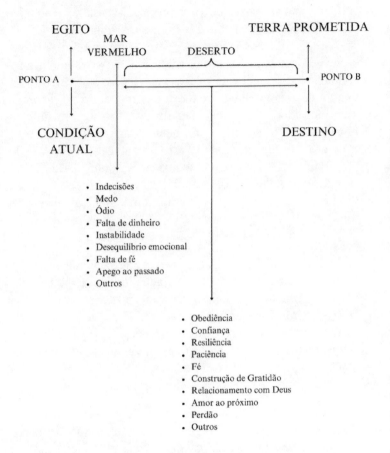

EGITO   TERRA PROMETIDA

MAR VERMELHO   DESERTO

PONTO A   PONTO B

CONDIÇÃO ATUAL   DESTINO

- Indecisões
- Medo
- Ódio
- Falta de dinheiro
- Instabilidade
- Desequilíbrio emocional
- Falta de fé
- Apego ao passado
- Outros

- Obediência
- Confiança
- Resiliência
- Paciência
- Fé
- Construção de Gratidão
- Relacionamento com Deus
- Amor ao próximo
- Perdão
- Outros

Ei, o Egito não é eterno, atravessar o mar é difícil, mas não impossível, o deserto, por mais longo que seja, também é passageiro. Na história de Moisés, poucos chegaram a Terra Prometida para desfrutar dela, mas eu declaro sobre a sua vida: você vai chegar ao seu destino. Creia e avance.

O PERDÃO É PARA POUCOS!

Pedir perdão e perdoar não é um benefício concedido a todos; é para poucos!

Porque muitos são chamados, mas poucos, escolhidos." Mt 22.14

Qual é a razão pela qual muitos são chamados, mas poucos são escolhidos? Porque muitos não querem pagar o preço!

Vocês, orem assim:

> *"Pai nosso, que estás nos céus! Santificado seja o teu nome. Venha o teu Reino; seja feita a tua vontade, assim na terra como no céu. Dá-nos hoje o nosso pão de cada dia. Perdoa as nossas dívidas, assim como perdoamos aos nossos devedores. E não nos deixes cair em tentação, mas livra-nos do mal, porque teu é o Reino, o poder e a glória para sempre. Amém.* Mt 6:9-13

"PERDOA AS NOSSAS DÍVIDAS, ASSIM COMO PERDOAMOS AOS NOSSOS DEVEDORES."

Meditando nessa oração, me veio à reflexão e te repasso a pergunta: Há quanto tempo você não é perdoado por Deus?

E você me responde: Como assim perdoado por Deus? Ele morreu na cruz para me conceder o direito do perdão. Lhe respondo: Sim, esse foi um benefício concedido na cruz, você só se esqueceu de analisar os termos adicionais nas escrituras. Vide essa parábola:

A PARÁBOLA DO CREDOR INCOMPASSIVO

Por isso, o Reino dos céus pode comparar-se a um certo rei que quis fazer contas com os seus servos; e, começando a fazer contas, foi-lhe apresentado um que lhe devia dez mil talentos. E, não tendo ele com que pagar, o seu senhor mandou que ele, e sua mulher, e seus filhos fossem vendidos, com tudo quanto tinha, para que a dívida se lhe pagasse. Então, aquele servo, prostrando-se, o reverenciava, dizendo: Senhor, sê generoso para comigo, e tudo te pagarei. Então, o senhor daquele servo, movido de íntima compaixão, soltou-o e perdoou-lhe a dívida. Saindo, porém, aquele servo, encontrou um dos seus conservos que lhe devia cem dinheiros e, lançando mão dele, sufocava-o, dizendo: Paga-me o que me deves. Então, o seu companheiro, prostrando-se a seus pés, rogava-lhe, dizendo: Sê generoso para comigo, e tudo te pagarei. Ele, porém, não quis; antes, foi encerrá-lo na prisão, até que pagasse a dívida. Vendo, pois, os seus conservos o que acontecia, contristaram-se muito e foram declarar ao seu senhor tudo o que se passara. Então, o seu senhor, chamando-o à sua presença, disse-lhe: Servo malvado, perdoei-te toda aquela dívida, porque me suplicaste. Não devias tu, igualmente, ter compaixão do teu companheiro, como eu também tive misericórdia de ti? E, indignado, o seu senhor o entregou aos atormentadores, até que pagasse tudo o que devia. Assim vos fará também meu Pai celestial, se do coração não perdoardes, cada um a seu irmão, as suas ofensas.

Você leu certo, o perdão de Deus não é incondicional e nem perpétuo; o perdão de Deus não subsiste independente de quem você é ou sente. O perdão de Deus é genuíno a partir do momento que o seu perdão para com o seu irmão também é genuíno. O perdão de Deus é genuíno a partir do momento que você libera os sentimentos de ódio que aprisionam seu coração pela ofensa de um inimigo. O perdão de Deus é completo quando você se torna completo através do seu amor, e só o amor de Deus te faz exercer o verdadeiro caráter de Cristão, o verdadeiro caráter de Cristo que na cruz, sofrendo a dor do madeiro insiste em dizer: Pai, perdoa-lhes, eles não sabem o que fazem! Sabem, nos últimos anos tenho aprendido muitas coisas, dentre elas o quanto o ego nos faz passar por processos verdadeiramente dolorosos, mas acima de tudo que nada escapa da atenção de Deus e, por mais que passe muito tempo, a conta sempre chega! Reconhecer tudo isso tem sido muito bom para mim, principalmente para aprender ser mais grata e humilde, por mais difícil que seja voltar atrás em algumas decisões. Contudo, Percebo que teria evitado muitas situações com uma simples atitude: aprender a perdoar. Mas só depois de muitas perdas percebi!

Lembro-me que há alguns anos passei por uma situação desagradável com a minha ajudante do lar, uma pessoa muito competente em seus afazeres, tratada com muito carinho e respeito. Um belo dia, em uma fala mal interpretada ocorreu uma situação desagradável entre nós e eu fui fortemente ofendida, mesmo tentando explicar que ela havia entendido mal o q havia dito, resultando no afastamento do serviço por decisão dela. Na época fiquei muito ofendida, pensava ter sido injustiçada pela fala dela. Passou-se muito tempo após o acontecido, depois de muito encontrá-la na rua e ela passar de maneira indiferente, como se nunca houvesse convivido de perto dentro da minha casa, e um belo dia, estava eu fazendo os atendimentos corriqueiros da loja e sou surpreendida por sua chegada. Ela chorava muito, veio me pedir perdão, friamente disse a ela, perdoar eu perdoo, mas esquecer não esqueço, quem bate esquece, mas quem apanha não esquece. Ela continuou chorando e prosseguiu sua fala:

"Eu sei Eli, eu não estava bem naquela época, sei que entendi errado, mas fiquei muito mal com isso, eu só preciso que você me venda 2 pares de tênis pra te pagar no próximo mês." Sempre vendi para ela dessa forma e naquele dia lhe disse: "Não, se quiser levar os dois pares de tênis, terá que fazer o pagamento à vista." Ela agradeceu, se retirou da loja, e poucos instantes depois iniciou em minha vida o que chamamos de PROCESSO. Me vi em um cenário de caos, assaltantes gritando e apontando arma para mim e os clientes que ali estavam. Permaneceram ali por volta de 4 minutos, que foram mais do que suficientes para levar prata, roupas de exposição, tênis, dinheiro, celular, quebrar vidros, fugir e deixar um grande prejuízo.

Logo após, eu pensava: Graças a Deus todos estão bem, já passou e agora está tudo certo.

Na realidade, não havia nada certo; era apenas o começo de um processo doloroso, mas na época eu não entendia. Foi o início da desconstrução do orgulho, da quebra do ego e o ensino pelo perdão. A verdadeira construção de uma pessoa íntegra, autorresponsável, de caráter, mas isso eu também não sabia.

Mês a mês, vi minhas lojas falirem; dia a dia, vi o dinheiro se esgotar. Um dia após o assalto, uma loja que faturava R$50.000 por mês passou a faturar R$0,00. Os clientes passam na frente da loja e fingiam que não viam; nós entrávamos em contato, como sempre fizemos antes, e eles diziam: "Qualquer dia vou aí." Clientes que eram tratados com muito carinho e respeito em nosso espaço, pessoas que demonstravam carinho por nós antes, agora agiam como se tivéssemos feito algo muito grave para eles.

Eram casas, carros, terrenos e lojas, mais de 2 milhões de reais de patrimônio que em pouco tempo deixaram de existir por completo, trazendo consigo as dívidas. Amigos e clientes que eram muito próximos agora agem como se tivéssemos lepra; aqueles que nos deviam e outrora sempre pagaram corretamente decidiam não mais nos pagar. Foram dias amargos, alguns deles eu perguntava: "Senhor, o que fizemos de errado para nos acontecer isso? Não é o dinheiro ou os bens que movem a minha vida e a minha proximidade contigo; eu continuarei sendo fiel e grata por tudo, mesmo não tendo nada."

O Processo foi longo e doloroso, mas eu não abri a minha boca para reclamar nenhum dia sequer. Era necessário aprender algumas lições. Dentro desse período, Deus falou comigo para perdoar todas as pessoas que me deviam. Estreito, precisando de dinheiro para pagar as contas, que ironia! Com mais de R$ 80.000 de promissórias em atraso para receber, cheguei na loja pela manhã e pedi ajuda ao meu funcionário para rasgar e queimar todas as notas vencidas. A partir daquele dia, não cobraríamos mais nenhuma dívida; quem fosse pagar seria por causa da própria consciência e não pela cobrança. Imagine só se, daquele dia em diante alguém foi pagar? Não, nem os clientes assíduos e responsáveis, aqueles de confiança, nunca mais apareceram para quitas seus pagamentos. Aliás, que moral teria eu para cobrar? Também estava com altas dívidas que não poderia pagar nem tão cedo.

Esse processo se estendeu por dois longos anos, até que eu tivesse inteligência emocional para encontrar o ponto de partida de todo esse cenário de caos, e eu encontrei: O perdão. Logo após, vim traçando a linha do tempo até os dias atuais e perceber que todos os dias Deus me pedia um ato de perdão. Quantas vezes dentro desse período eu ainda não perdoei, não retrocedi, deixei a arrogância falar por mim? Precisei aprender sobre o perdão depois de perder tudo. Mas sabe o ponto chave disso tudo? O meu esposo não era culpado por isso e passou por um processo q não era dele, como se fosse. Esse é o prejuízo de agir sem pensar, pois a família vai pagar pelo seu erro mesmo sem ter culpa.

O perdão não diz respeito apenas ao que eu faço para os outros, mas também sobre as ofensas que já recebi dos outros. Em uma outra perspectiva, pode ser que não tenha feito nada ao outro, mas se esse tem algo contra mim, o pedido de perdão também é necessário! Oxalá tivesse percebido isso antes de tantas perdas, mas enfim, aproveito aqui para praticar o ato que aprendi. Se algum dia fiz algo que não lhe agradou, me perdoe. Se eu não fiz, mas, mesmo assim você tem pensado algo ao meu respeito, também me perdoe. E se alguma vez você fez algo contra mim que não gostei, eu te perdoo também! Já fui ofendida várias vezes, mas reconheço que já ofendi muitas vezes. Já fui ferida várias vezes, mas também já feri várias vezes. No final das contas, entendi, não existe perdão vertical (perdão de Deus), sem antes haver o perdão horizontal (perdão entre os homens). Foi a maior virada de chave da minha vida.

> *"Porque, se perdoardes aos homens as suas ofensas, também vosso Pai celeste vos perdoará; se, porém, não perdoardes aos homens (as suas ofensas), tampouco vosso Pai vos perdoará as vossas ofensas".* Mt 6:14,15

Volto ao meu primeiro questionamento a você: Há quanto tempo você não recebe o perdão de Deus? Imagino que a essa altura você já tenha a resposta! E imagino ainda que talvez tenha vivido até hoje julgando-se ser um bom filho de Deus ou um bom Cristão, negando perdão, não pedindo perdão, difamando, fazendo fofoca, julgando os outros por erros parecidos ou até iguais aos mesmos erros que já cometeu. E ainda assim, segue achando que Deus está de acordo com as suas obras?

"E por que reparas tu no argueiro que está no olho do teu irmão, e não vês a trave que está no teu olho? Ou como dirás a teu irmão: Deixa-me tirar o argueiro do teu olho, estando uma trave no teu? Hipócrita, tira primeiro a trave do teu olho, e então cuidarás em tirar o argueiro do olho do teu irmão. Mt 7:3-5

Digo-lhes: Alcançar o perdão de Deus é simples; algo que é mais difícil do que isso é abandonar o ego para pedir perdão e perdoar, deixar de lado a arrogância para reconhecer que errou e, mais uma vez, pedir perdão e perdoar. Reconhecer que o único Santo está no céu; aqui na terra, somos todos humanos, sujeitos a errar, mentir e enganar!

Torno a lhe perguntar: Há quanto tempo você não é perdoado por Deus?

"Então Pedro, aproximando-se dele, lhe perguntou: Senhor, até quantas vezes pecará meu irmão contra mim, e eu hei de perdoar? Até sete? Respondeu-lhe Jesus: Não te digo que até sete; mas até setenta vezes sete." Mt 18:21,22

Cientes de que pecamos por palavras, ações e pensamentos, e em todo tempo necessitamos de socorro, trago esse último versículo como reflexão, colocando uma grande ênfase na ideia de que, à medida que perdoardes, sereis perdoados.

Não espere passar por grandes perdas e frustrações para aprender uma lição tão simples! O Perdão é um exercício diário.

EXERCÍCIO

1. Faça agora uma lista de situações que te feriram e nas quais você guardou rancor.

_____

_____

_____

_____

_____

_____

_____

_____

_____

_____

_____

_____

2. Faça uma lista das situações em que você tem ciência que feriu outras pessoas.

_____

_____

_____

_____

_____

_____

_____

_____

_____

_____

_____

_____

_____

_____

Agora, ligue ou envie uma mensagem para cada uma dessas pessoas e pratique o ato do perdão. Lembre-se, o perdão é libertador. Essa pequena atitude fará com que você saia de processos dos quais não consegue se libertar há anos e avance naquilo que Deus te chamou para fazer.

VOCÊ ME FERIU MAS EU TE PERDOO. ESSA FOI A MENSAGEM DA CRUZ.

PEDRO, TU ME AMAS?

Depois de comerem, Jesus perguntou a Simão Pedro: "Simão, filho de João, você me ama mais do que estes?" Disse ele: "Sim, Senhor, tu sabes que te amo". Disse Jesus: "Cuide dos meus cordeiros". Novamente Jesus disse: "Simão, filho de João, você me ama?" Ele respondeu: "Sim, Senhor, tu sabes que te amo". Disse Jesus: "Pastoreie as minhas ovelhas". Pela terceira vez, ele lhe disse: "Simão, filho de João, você me ama?" Pedro ficou magoado por Jesus lhe ter perguntado pela terceira vez "Você me ama?" e lhe disse: "Senhor, tu sabes todas as coisas e sabes que te amo". Disse-lhe Jesus: "Cuide das minhas ovelhas." Digo a verdade: Quando você era mais jovem, vestia-se e ia para onde queria; mas, quando for velho, estenderá as mãos e outra pessoa o vestirá e o levará para onde você não deseja ir". Jesus disse isso para indicar o tipo de morte com a qual Pedro iria glorificar a Deus. E então lhe disse: "Siga-me!" Pedro voltou-se e viu que o discípulo a quem Jesus amava os seguia. (Este era o que estivera ao lado de Jesus durante a ceia e perguntara: "Senhor, quem te irá trair?") Quando Pedro o viu, perguntou: "Senhor, e quanto a ele?" Respondeu Jesus: "Se eu quiser que ele permaneça vivo até que eu volte, o que importa? Quanto a você, siga-me!" João 21:15-22

DERRAMAR DO ESPÍRITO

Você já se sentiu oco? Você sabe do que estou falando, mas vou tornar mais claro. Imagine uma casa majestosa, com colunas e paredes altas, vidros grandes para iluminar a casa, cômodos bem distribuídos, um lindo e grande jardim, iluminação adequada. Conseguiu imaginar? Na sua imaginação, você deve ter composto com móveis, decoração, eletrodomésticos, quadros e até pessoas vivendo nessa casa, mas eu não descrevi isso. Eu descrevi uma casa com uma bela construção, porém só isso. Não descrevi móveis, enxovais ou qualquer tipo de decoração, ou seja, lhe descrevi uma casa oca, vazia. Você é capaz de entender? Quero dizer que muitas vezes é assim que você pode se sentir. Vazio? Sim, mas não só vazio, sentir que tem toda uma estrutura pronta, cada cantinho pensado, cada cômodo desenhado e distribuído para uma determinada finalidade, com sala, cozinha, quartos, closet, escritório; no seu caso, um corpo prefeito, preparado para ser glorificado, cheio. Você me pergunta: Como isso? Eu te respondo: Chegará uma determinada altura do detox emocional que todos os seus móveis serão removidos, sim, isso mesmo. Lembra que na parte 1 falamos sobre os demônios de estimação? Então, eles já não existem mais em você a essa altura, aqui trataremos eles como móveis ok? Porém, móveis de um antigo morador e não seus. Voltando à casa, nessa casa majestosa que você habitava, tinha móveis que você trouxe de uma casa antiga. Na época da mudança para a casa nova, não houve condições financeiras de fazer a troca por móveis novos, mas não combinam, não é mesmo? Então, você decide se livrar desses móveis para comprar nova mobília que combine com essa casa que até cheira a tinta nova. Durante a troca, você certamente sentirá essa sensação de eco, de vazio, até de abandono. Só de imaginar, não gosto da sensação de casa vazia. Aliás, a sensação que o eco causa é assustadora. Logo, é gerada uma certa expectativa para que essa casa seja logo preenchida pelos móveis novos, que é o recado para o universo de que um novo ciclo se inicia. No seu interior, não é diferente. Quando Deus decide te levar a outro patamar, não existe nada do antigo ciclo que possa permanecer como era antes: casa nova, móveis novos, vaso novo, unção nova, odre novo, vinho novo.

"E ninguém deita vinho novo em odres velhos; doutra sorte, o vinho novo rompe os odres e entorna-se o vinho, e os odres estragam-se; o vinho novo deve ser deitado em odres novos." Marcos 2:22

Você reconhece esse processo? Já passou ou tem passado por algo parecido? Se não passou, está prestes a passar. Se você decidiu de coração passar pela dor para encontrar o melhor de Deus e o melhor de si, esse é um processo necessário, apesar de muito doloroso. Eu creio que a Glória da segunda casa será maior que a da primeira, é sobre isso que quer dizer esse versículo. A partir do momento que se mudou de uma casa antiga para uma casa nova, essa deve ser preenchida como tal, com glória, com novidade, com requinte e excelência. Se você sabe que isso funciona para a parte física e ficaria feliz sem medidas por fazê-lo, por que seria diferente com o lar espiritual que o Espírito Santo quer habitar? Ele quer de você uma casa adornada, limpa, sem emendas ou rachaduras, sem lâmpadas queimadas ou vidros rachados, sem móveis antigos. Tenha zelo e logo você experimentará uma grande novidade de vida.

- Senhor? Como ser zelosa e como preparar esse espaço para receber tão grande novidade?

- Tão somente creia que Eu sou o galardoador de quem me busca, faça tudo de coração.

"Ora sem fé é impossível agradar-lhe; porque é necessário que aquele que se aproxima de Deus creia que ele existe, e que é galardoador dos que o buscam." Hebreus 11:6

Somente pela fé acreditamos que Deus existe; pela fé nos aproximamos dEle; pela fé ouvíamos a Deus; pela fé falamos com Deus; pela fé nos tornamos amigos íntimos de Deus; pela fé nos tornamos submissos a Sua vontade; pela fé alcançaremos lugares inimagináveis.

NÃO DESISTA, A CAMINHADA É DOLOROSA, MAS O FIM SERÁ RECOMPENSADOR.

EM BREVE SUA CASA SERÁ CHEIA.

Made in the USA
Columbia, SC
22 April 2024